大夏书系·全国幼儿教师培训用书

丛书主编／朱家雄 张亚军

幼儿园环境设计与指导

陈慧军
张肖芹　主编

华东师范大学出版社

ECNUP
全国百佳图书出版单位

目　录
CONTENTS

丛书总序

2010 年底,《国务院关于当前发展学前教育的若干意见》(以下简称"国十条")给学前教育的发展定了基调,或者说是重申了多年以来被忽略的学前教育的定性问题。"国十条"提出把学前教育摆在国计民生的重要位置,突出强调了它的教育属性和社会公益属性,明确指出,学前教育是国民教育体系的重要组成部分,是重要的社会公益事业。因此,我们有理由认为学前教育迎来了健康快速发展的历史机遇。当然,我们仍然清醒地意识到,学前教育的发展不可能一蹴而就,不应依赖短期的即时政策,而需要一以贯之的良好政策,需要对教育发展规律和教育常识的基本尊重。

学前教育的健康发展无外乎受到外部和内部因素的影响,前者指的是社会发展及政策背景,后者指的是相关从业人员的实践行为。从目前来看,外部因素制约的瓶颈,基本解决了,剩下的是学前教育工作者的实践努力。我们认为,重中之重和当务之急就是建设并维护一支高素质的幼儿园教师队伍。

"国十条"指出,"加快建设一支师德高尚、热爱儿童、业务精良、结构合理的幼儿教师队伍",并提出了"完善学前教育师资培养培训体系"的具体举措。从 2011 年起,实施"幼儿教师国家级培训计划";2012 年初,颁发了《幼儿园教师专业标准(试行)》。这些举措实际上都是在重申和强调教育的一个基本常识:教师的专业化水平是决定教育质量的首要因素。

本套丛书正是在这样的背景下产生的，但这套书并不是应时应景之作，我们的目标是为幼儿园教师的专业成长提供持续的动力。虽然这套书是沐浴着学前教育的"春风"孕育而生的，但她将会焕发持久的生命力。

这套书延续了《给幼儿教师的建议》、《给幼儿园园长的建议》的风格，致力于解决一个核心问题，就是培训的有效性问题。这是一个最基本的常识问题，也是我们首先要直面的问题。无效则不如不做，低效也是劳民伤财。这套丛书或许不能系统地解决这个问题，但我们希望能为培训提供一个有效的载体，这是迈向有效之路的必备资源。如何解决这个问题，我们并没有灵丹妙药，靠的是常识，也就是突出主体性，即所谓的参与式培训。有效无效，受训者心知肚明，这是从结果而言的；想要做到有效，除了培训者和资源开发者的努力外，要充分发挥受训者的主体性。除此之外，别无他途。我们要做的，就是为这个有效之路提供载体。

为达成有效，我们在丛书的体系、内容、形式上做出努力，也就形成了本套丛书的三个特点。

在体系建构上力求系统明晰。这套书包括6册，力图涵盖幼儿园教师专业成长的所有方面。换言之，这是一套全员适用、全面促进幼儿园教师专业成长的读物。当然，这里的难点在于如何兼顾不同地域、不同专业成长期的不同教师，这个差异可能是巨大的。我们的原则是对应于符合资格准入标准的职初教师，直接的参考依据就是当时还未公布的《幼儿园教师专业标准（试行）》。实际上，这套书是对幼儿教师教育课程在实践层面的提升性重组。

在内容整理上力求精练实用。构建了全书的体系后，具体任务就落在了分册主编的肩上，因此，在分册主编人选上我们要求他既能高屋建瓴，又能通晓一线，并力求能在教改前沿和一线工作中融会贯通。对每分册的内容，关键是要提炼出核心的东西，并以一线工作为线索贯穿起来。尽力做到：讲理论要通俗，讲实践要实用。空话套话不讲，提炼核心要素。

在形式表现上力求可读、亲切。可读性不应成为出版物追求的重要目标，或者说这只是文字呈现的技术问题。但不知什么原因，没有可读性的出版物确实不少，这是我们首先要规避的。但我们肯定要更进一步，还要给读者亲切感，这个亲切不是文字的技巧，而是立足实际、置身现场、保持对话、情感共鸣。概而言之，需要我们用心来做。

从 2011 年初启动到现在，历时近两年，终于有了收获，这是值得欣慰的。《给幼儿教师的建议》出版后，我们曾说"这是一个很好的开端，并会沿着这样的足迹继续努力"，这套书算是兑现了我们的承诺。我们要感谢各分册主编艰辛的努力，致力于沟通前沿和一线的"壁垒"；我们要感谢"大夏书系"这个一流平台，致力于挖掘深藏一线的教育智慧；我们更要感谢读者，致力于专业成长和生命质量的提升。当然，我们也深知面对成千上万读者的智慧，我们的能量是有限的。恳请读者指正！

朱家雄

2012 年 10 月

丛书使用说明

一、丛书的内容及体系

本丛书目前共有6册，分别为《幼儿教师专业成长》、《家园沟通实用技巧》、《幼儿教师如何做研究》、《幼儿园环境设计与指导》、《幼儿成长及发展个案研究》、《幼儿园活动设计与经典案例》。

本套丛书的内容基本指向了幼儿园教师所需要的全部专业素养，形成了一个完整的培训研修体系。

二、丛书的特色

不同于学院式的教师教育，本丛书不求逻辑体系的严密完整，不求专业理论的系统演绎。本着"从一线中来，到一线中去"的宗旨，从工作中提升，结合工作经验学习，应用于工作中。丛书语言通俗，结合案例，可操作性强，引导反思。

倡导参与式培训，无需培训者过多地解读丛书，受训者不是长时间的静听者，而是主动的参与者。在研读丛书的基础上，参与讨论，参与展示，参与反思。

丛书虽不能涉及幼教工作的所有方面，但提供了一个专业成长的载体，在这个基础上，通过参与式培训扩充构建在丛书骨架基础上的更丰满的幼教生活。

三、丛书的目标人群

这套丛书主要是为幼儿园教师全员培训开发的，以幼儿园教师身份参加各类培训的受训学员是本套丛书的目标人群。具体可包括以下类型：

1. 学前教育新政策背景下的各级幼儿园教师全员培训（国培、省培、市培、县培）；

2. 各种类型的幼儿园教师专题培训、研讨会；

3. 非学前专业背景幼教师资的岗前培训；

4. 在职幼儿园教师园本培训及自我提升学习；

5. 幼师生拓展学习及新手幼儿园教师入门学习。

四、丛书使用建议

1. 丛书作为专业读物，要保证必要的研读时间。未必要在培训现场大量研读，但可以选择某篇重点研读，作为讨论的载体。篇末有延伸与讨论的建议，可据此展开同伴或小组讨论，使此主题得到更全面的理解和阐释。这是常规型的参与式学习。

2. 丛书中比篇更大的单位是辑，一辑一般有相对集中的指向。可利用课余或较长的培训时间研读某辑，围绕某辑的主题讨论。讨论的结果以适当的方式交流、报告。这是任务稍重、要求较高的参与式学习。

3. 参与式学习也是在做中学，所以受训者要完成相应的任务。可有以下方式：

（1）个人谈体会，结合工作实际谈经验；

（2）同伴或小组讨论，以小组为单位交流汇报；

（3）基于读物本身的延伸，如对某篇的批判性讨论，改写或重写某篇；

（4）同题撰写自己的篇目，展现同一主题的多样性；

（5）同题撰写某辑，小组或全员分工，按照某辑主题，编辑完成和读物相一致的篇目；

（6）观摩或实践：到幼儿园现场的参与式讨论、学习。

4. 参与式培训不是简单的受教，而是积极自主的学习，并要有实际的成效。至少可通过以下方式展现成果：所有参与式学习与讨论的书面（电子）学习档案，以读物为标杆的、向发表水准看齐的个人写作成果，参训学员学习成果的集成。

张亚军
2012 年 9 月

序

　　呈现在各位读者面前的这本书是由上海市几所示范园、一级园的园长和教师们共同编写而成的，最大限度地汇集了上海市一线幼儿教师在环境创设中的宝贵经验，以图文并茂的方式，呈现了许多实例。我们希望通过对上海市一线幼儿教师环境创设经验的讲述，能对全国的幼儿教师有所帮助，更希望能让幼儿教师有所反思及提升。

　　《幼儿园教育指导纲要（试行）》明确提出："幼儿园应为幼儿提供健康、丰富的生活和活动环境，满足他们多方面发展的需要，使他们在快乐的童年生活中获得有益于身心发展的经验。"心理学研究表明，环境能对人产生暗示，起到潜移默化的作用。由此可见，环境创设十分重要，在很大程度上反映了一所幼儿园的办园理念、园长的管理水平和教师的专业化程度。

　　现有的幼儿园环境指导丛书，大多以空间、区域划分的环境创设为主，以教师的经验总结居多。在本书编撰过程中，我们进行了大胆的突破，秉着"环境应融入幼儿一日生活，幼儿一日生活皆课程"的理念，将幼儿园的环境创设与幼儿园课程有机整合起来，向各位读者呈现了幼儿园一日生活中的四种课程环境，即运动环境、生活环境、游戏环境及学习环境创设的点滴经验。此外，还为读者提供了在幼儿园公共环境创设、活动区环境创设及一园多址环境创设方面的一些建议。

　　在编撰本书的过程中，我们一直在思考：如何使本书成为一线幼儿教师教学之余所钟爱的专业书？如何将教师们宝贵的经验以最通俗易懂、最直接的方式呈现出来？因此，我们从实用性出发，通过经验总结并结合大量的实例，配以具有说服力的图片，清晰地向各位读者讲述了幼儿园环境创设的要点，内容全面，形式新颖，注重实用。

本书编写得到了丛书主编朱家雄老师的关心，张亚军老师和我们进行了全面而细致的沟通，还要感谢出版社李永梅社长的重视及编辑的后期润色加工。在历时近一年的组稿和编撰过程中，我们一直尽力而为，但是由于水平和稿源的局限，不足之处在所难免，恳请读者提出宝贵意见。

陈慧军　张肖芹
2012 年 6 月

第一辑 公共环境

- 在环境中品味内涵——硬件环境创设
- 把文化"书写"在幼儿园中——人文环境创设
- 此处无声胜有声——公共环境创设
- 享受职业的快乐——办公环境创设
- 拓展开放的空间——走廊环境创设
- 无声的老师——课程环境创设

1. 在环境中品味内涵
——硬件环境创设

"幼儿园是幼儿白天的家。"作为办园者，我们力求将环境创设与教育理念相整合，与幼儿园文化相融合；力求在满足使用功能的前提下，通过色彩的运用、材料的选用以及空间布局等因素，来彰显办园理念，从而让幼儿园成为一个培育幼儿身心和谐发展的阳光之家，让每个走进幼儿园的孩子都能感受到家的温馨、舒适。

一、家是一抹色彩，协调让你感到温馨、舒适

在幼儿园这个"家"的环境设计中，色彩无疑是最核心的元素之一。色彩难在搭配，搭配得好，每一种颜色都是好看的；搭配得不好，再悦目的颜色也会黯然失色。因此，在思考运用哪种颜色的时候须切记：唯有协调，才有美感！

1. 主配色之间搭配

一般来说，在运用色彩的时候，总会以一种颜色为主色调，以若干个配色为辅，体现出"淡妆浓抹总相宜"的意境。这是一种比较安全且保守的做法，关键看主配色之间的协调性。

图1

2. 上下空间色彩之间的呼应

正如一篇好文章要前后呼应一样，幼儿园在色彩运用时也要注

意相互之间的呼应，使之浑然一体，体现出整体美感。例如，长长的走廊以白色为主色调，在顶部以块面的绿色为装点，但这还不够，又利用走廊墙面的立柱配上绿色，这样，走廊、墙面、顶部就呼应起来了。

3. 内外墙色彩之间的协调

其实，任何一件事，当你做到极致的时候，就形成了一种风格。要形成幼儿园独特的风格，你不妨想一想，还有哪些块面、元素没有利用到，如米黄色的外墙、黑色的琉璃瓦，看上去犹如一幢"老上海"的家庭别墅。为了与外墙色彩相协调，让幼儿有种家的感觉，幼儿园内部环境色彩以深木色、米黄色和白色为主，使整个色调既显沉稳与大气，又显温馨与简洁。每一间教室、每一条走廊、每一处区域都透出"老上海"的风格。

二、家是一个空间，适宜让你感受到实用、独特

各幼儿园的建园时间早晚不一，加上园舍本身有较大的差异，所以，因地制宜地去布局、去设计，同样会使你的幼儿园实用、独特。

1. 布局合理

所谓布局合理，首要条件就是必须满足使用功能，充分利用幼儿园中一切可以利用的空间，满足幼儿的生活需要、活动需要、学习需要。例如，教室里原来有一个非常狭小的作为储藏室用的小房间，现在把它改建成幼儿的衣帽间，同时老师们还利用它的特点，创设能满足个别儿童需要的私密小空间；花园里，树木都已经长成了参天大树，而大树下由于缺少阳光，草无法生长，我们可以在树下铺设户外木地板，满足幼儿的户外运动；幼儿园公共活动区域的创设，既有家长接待的功能区，又有幼儿活动的纸吧、阅览区等，它既可以作为专用活动区，又可以作为早晚护导区，同时，彰显出幼儿园开放的办园理念和家园合作的文化气息。

2. 设计巧妙

常有人说："办法总比困难多。"如果把这句话运用到环境设计中去，你就会匠心独具、创意无限。例如，幼儿园园舍本身层高就有限，加上过道中更低的消防管道，使我们对如何让管道裸露又不凌乱、让顶部统整又不压抑感到纠结。为了避免凌乱、压抑，我们在顶部，利用横梁凹进去的平面，设计了一群错落有致的灯箱，又在走廊里设计了红、灰灯带交叉的吊顶，贯穿整个大楼。这样，空间感有了，实用性也有了，同时线、面呼应，满足了规范，突显了美感。

图 2

三、家是一个世界，关怀让你感到安全、自由

任何一种环境创设，其安全性一定是放在首位的，它包含材料本身的安全性和幼儿园所细节处理上的安全性等方面。同时，幼儿园也是师生交往的场所，在一定意义上是一个小社会、小世界。因此，在环境创设中要包含人文关怀。

1. 材料使用关注自然、环保

一般来讲，幼儿园中使用的材料最好是天然的材质，如木头等，尽量避免使用塑料等化学产品，若实在避免不了，则要求产品必须达到环保标准。尤其是在室内外涂料的选用上，要做到环保第一，质量第一。例如，被用作分班活动场地的室外平台，为了安全和突显多功能，平台的墙面和地面均采用户外木板，墙角、墙面用来制作自然花架和幼儿休息的凳子；边墙用来制作摆放运动器械的橱柜，使平台成为幼儿自由交谈、运动、休息的场所。

2. 细节处理关注耐用、安全

由于每所幼儿园的园所设施不同，因此细节之处也各有不同。例如，在铺有大面积实木地板的园舍中，我们铺设了诸多不锈钢小孔板，使得地面的湿气能够及时排放，解决了木地板容易变形的问题；走廊多装有木质护壁板，每个墙角50~80厘米处安装有机玻璃防护板，这样既可以避免幼儿碰伤，又可以避免墙面受损；所有涉及幼儿活动区域的门缝处都定制了颜色统一的帆布夹布，杜绝幼儿关门夹手的可能；过道低窗处增加木制栅栏，防止幼儿攀爬。

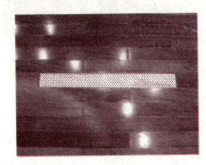

图 3

图 4

3. 设施提供关注需求、差异

环境是为人所用的，因此它必须以满足人的需要为前提。在幼儿园中，有成人，有儿童；有男生，有女生。有差异才有变化，有变化才有创意。

例如，盥洗室根据幼儿性别通过墙面隔断分为男女盥洗区，个性化的厕盆、小巧的隔板、高低适中的洗手台、线条柔和的镜子台盆，使盥洗室既有私密性，又方便幼儿进出。又如幼儿餐厅，高低不一的洗手池，既方便幼儿，又方便老师。

图 5

延伸与讨论

1. "幼儿园是我家"是幼儿园环境创设的一种理想境界。你觉得如何才能做到？

2. 在幼儿园整体环境设计上既要讲究协调统一，又要体现差异和特色，如何能做到？

（上海市浦东新区冰厂田幼儿园　姚　健）

2. 把文化"书写"在幼儿园中
——人文环境创设

　　环境创设在一定程度上体现了一所幼儿园的办园理念及办园特色。园所文化体现了一所幼儿园的精神风貌，蕴含了幼儿园的管理理念，是幼儿、家长、教师和管理者共同创造、传承的精神成果的总和。幼儿园可以根据自己的园所文化，有计划、有目的地创设环境，并利用良好的环境较好地达到教育目标。

一、突显以人为本，创新环境创设思路

　　环境是幼儿重要的生存空间。走进幼儿园，你也许会被眼前一幅幅动人的画面吸引。"梦幻的小景"、"名人长廊"、"墙面文化"……这样的幼儿园，会使未入园的幼儿充满期待，会使初入园的幼儿流连忘返，也会使在园幼儿身心愉悦。环境对幼儿的视觉冲击以及幼儿与环境的互动交融，都提醒我们应该站在幼儿的角度去思考、设计幼儿园环境。

图1

　　园所环境创设应突显以下几个特点：第一，环保节能。环保的、可循环利用的硬纸板、纸箱等材料应该在幼儿园环境创设中充分使用，这些材料通过搭配不同的色彩可以建构不同的"作品"。第二，时尚美观。环境创设要在幼儿面前显现最美好的画面，因此，在环境创设中要遵照美的规律和美的形式法则制作墙饰。第三，互动创新。幼儿园的环境创

图 2

设必须以幼儿为主体，让幼儿感觉到自己是环境的主人，并能主动参与到环境的设计和布置中。环境创设不是一次就可以完成的，它是一个设计→实施→修正→再实施→再修正的螺旋式发展过程。第四，安全、卫生。要使幼儿在适合他们的环境中健康成长，安全、卫生是重要的条件。例如，门上安装帆布门条以防止幼儿夹伤手等保护措施，可以保证幼儿健康发展。

二、创设人文环境，彰显环境育人特色

幼儿园环境创设是一门艺术，更是一门"隐形的教育课程"，在幼儿园的每个角落，随处可见幼儿园的教育理念和服务宗旨。

1. 墙面文化，彰显办园新理念

幼儿园墙面空间的布置是幼儿园文化建设的窗口。在环境创设中，要力争

图 3

让每一面墙壁都发挥教育功能，让环境会说话。幼儿园的墙壁可以成为教师和幼儿发挥想象力与创造力的场地，无论是大厅、走廊，还是细小的转角，都可以充分体现教师的大胆创意、精心布置以及师幼互动。例

图 4

如，呈现"我们创造经典"的主墙面，把幼儿园的理念与大家分享，并分四个板块呈现幼儿园的团队文化，表达了教师对职业的热爱与执著，对专业的研究与探索，对幼儿的欣赏与解读；从一楼走廊到三楼，墙面上可以悬挂一些教育家的至理名言，教师利用它们来传达教

育思想、教育方法，指导教育活动；家园在线、家园小贴士等是幼儿园为家长开辟的空间，同时还是教师和家长共同参与家园互动的栏目，既起到了美化作用，又拉近了家园双方的距离。

2. 园中小景，欣赏学习有策略

在幼儿园大厅中创设一个富有特色的"节日变奏曲"，呈现节日活动的花絮，让幼儿和家长感受节日的喜庆氛围，还可以看到幼儿园大活动的成果。这种美好的欣赏氛围以及活动后的成果展示，使幼儿走到"小景"处就能产生表达的欲望，把自己看到的、听到的、想到的通过语言表达出来，家长也可以在接送幼儿的过程中与他们交流互动。

"名人墙"的创设，为幼儿提供了认识名人、学习名人的契机，在幼儿幼小的心灵中留下伟人的印象，让幼儿在潜移默化中受到影响。

图 5

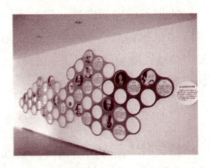

图 6

3. 教室环境，结合主题创特色

幼儿园教室是幼儿生活、学习、活动的主要场所，室内环境对幼儿有很大影响。班级环境中，幼儿是创作与表现的主人。教室环境能体现主题背景以及师幼互动的痕迹，根据客观条件，因地制宜，充分利用地面、墙面、玩具柜面。材料提供要与幼儿年龄特点紧密相连，小班注重情境性，中班注重操作

图 7

性，大班注重探索性以及合作性，区角活动可以成为幼儿进行主题探索的有效载体。角色游戏环境的创设也应该体现不同年龄和不同班级幼儿的特点，成为幼儿社会性发展的一个重要学习和体验的场所。

如何把环境文化建设与校园精神文化建设有机结合起来？

（上海市浦东新区张江经典幼儿园 王 丽）

3. 此处无声胜有声
——公共环境创设

环境是传递幼儿园校园文化、教育内涵的主要窗口，是幼儿活动与表现的最佳媒介。近两年来，我园从原先的一个园区发展到几个园区，各园区在丰富班级环境的同时，着力聚焦公共环境建设，在实践、探索的过程中，我们积淀了点滴经验。

案例 1：同中求异

走进 A 园区的门厅，一股清新的气息扑面而来，在蓝白色块的掩映下，倚靠在树干上的奖牌分外耀眼。视线左移，鹅黄背景映衬着错落的版面，简单的话语，字里行间诉说着南幼的发展历程。右移入室，玩具与书籍、沙发与地毯，透出温馨、亲切的园区氛围。

图 1

图 2

踏进 B 园区，宽敞大气。大型的巨幅色块，衬托立体造型的方形纸盒，情境画面的线条描绘，都是孩子们表现的手迹。靠近右侧的圆弧形客厅，是一个亲子乐园，陈列架上放满了亲子共享的奇妙玩具。拾级而上，一边是孩子自绘的笑脸墙，一边是由幼儿照片和绘画作品组成的画墙，尽显孩子们的欢乐与畅想。

　　来到 C 园区，略显局促的门厅虽小但精致有加。在右侧的土黄色背景墙上，四幅版画格外醒目。南北相拥的走廊，是孩子们探究的场所，提线木偶、小型乐器、滚珠轨道，常常吸引孩子们好奇的目光。在一楼拐角处，楼梯下的空间被开辟成亲子互动区域，内置的搁架与楼梯巧妙结合，彩色方桌、自制音乐架使这里成了一处亲子共享的天地。

图3

　　只有三个班级的 D 园区，南北廊道各显特点，班级全家福、小玩具、小沙发，组成了亲子休憩的南区域；单色块文化墙，彰显了南幼的办园理念，让北区域的特质尤为凸显。南北交叉处的楼梯拐角处，小栅栏、仿真厨具，勾勒出家的温馨与甜蜜，成为孩子们游戏嬉戏的场所。

图4

案例2：一室多用

C园区北大楼的底楼，有一间活动室，五十平方米的空间错落有致，木制护栏将房间隔成两半，一边与走廊地面持平，一边低于走廊地面足有一米，且有上下两层。楼梯扶手、墙面搁架上，摆满了瓶瓶罐罐、彩色油泥。中间空地摆放小桌椅、地下错层摆放条形小长凳，告诉我们这是孩子的天地。

图5

九点半刚过，一群孩子来到活动室，熟练地拿起栏杆上、搁架上的材料，三个一群、五个一堆，聚精会神地塑造起来。四十分钟后，孩子们收起材料，活动室又恢复了宁静。十点半，保育员来到活动室，整理、消毒，驾轻就熟。十一点整，活动室里飘出阵阵饭菜香，幼儿有序地洗手，安静地用餐，上下错层的孩子在相对独立的小天地里，吃得津津有味。

图6

这间教室原本是一间储藏室。因为C园区建于1982年，每个教室缺少独立的盥洗、午睡场所，幼儿日常活动、游戏的空间比较局促。为了拓宽空间，园区采用了这样的设计：1. 腾出储藏室，改建幼儿餐厅；2. 下挖一尺地，打造复式区域。改建后的幼儿餐厅能一次容纳三个班级近90名幼儿用餐；兼容"玩乐吧"游戏室功能，为幼儿游戏带来了方便。幼儿用餐后，此处又成了教工用餐的区域，一室多用，让小区域实现了大空间的价值。

案例3：因地制宜

穿过B园区一楼的行政走廊，远远地就能看见悬吊标示"红苹果欢乐街"，酷似"星期八小镇"的社会体验区域。走廊很宽很深，红、蓝、绿三色帆布制成的围栏，把它隔成五个游戏区域，小记者站、小小健身房、桌游社、美食馆、小小剧场，每一个区域内，孩子们都可以尽情装扮。

图7

图8

在 A 园区、C 园区、D 园区，孩子们的社会体验游戏则移入室内，"红苹果小镇"是孩子们向往的地方。在这里，小小美发厅、娃娃餐厅、肯德基等社会区域，一应俱全。厨具、餐具、装扮物品、半成品游戏材料应有尽有，每一次游戏，都让孩子们流连忘返。

以上是各园区活动室游戏环境的创设与活动场景，看似平常的设计却彰显了我们的创设理念。

● 因地制宜，巧融特色活动。"仿真小社会"一直是我们的特色活动项目，幼儿在模拟的社会情境中，学会捕捉信息，学会判断，尝试解决问题，锻炼了多种能力。各园区根据园所结构，巧妙运用，特别是 B 园区，利用走廊的横向宽度与纵深度，将游戏场景移向室外，给孩子们的游戏创造了良好的空间。

● 因人而异，巧构活动主题。红苹果欢乐街、红苹果小镇，是各园区赋予这一特色活动的新名称，各园区根据幼儿年龄段的不同，确定的游戏主题也略有差异。小班部，多以家庭情境、美发等孩子们熟悉的主题为主，并创设一定数量的平行主题。中、大班部，多以社会实景，如电信公司、健身房、桌游社、记者站等为主题，让幼儿在模拟社会角色中，学会与人交往、解决问题。

"独具匠心巧思忖，此处无声胜有声。"让我们细思量、多智慧，巧实践、多交融，共同携起手来，让无声的空间焕发有声的魅力！

　　许多优质园办了分园或发展成一园多部，这些园需要共同传承园所文化、营造文化氛围。如何通过环境的创设，做到既能使不同园部保持统一的园所文化，又能体现不同园部的特色文化？结合本地或本园实际，与同行交流、共享。

（上海市浦东新区南门幼儿园　翟伟荣）

4. 享受职业的快乐

——办公环境创设

办公室是教师每天学习和工作的重要场所，幼儿园办公室的整体环境创设能折射出幼儿园的办园理念、常规管理以及园所文化建设。由于幼儿园教师大部分时间都在教室，许多幼儿园在教室也设立了教师办公区域。因此，幼儿教师的办公环境可分为教师办公室环境和教室办公区环境。

一、教师办公室环境创设

1. 从园舍实际出发思考办公室功能定位，设计整体布局

每所幼儿园的办园条件不同，在办公室的设计中应立足于本园的实际。如果全园教师在一个办公室办公，办公条件相对较差，每位教师的办公面积相对较小，那么，办公室的功能定位应主要是完成教师案头工作。在设计时可以把它设计成每人一小间相对独立的办公区域，一个可以放置办公桌的小空间。随着幼儿园办园条件的不断完善，许多幼儿园是一个年级组教师在一个办公室内办公，一个办公室内一般有几位教师。在设计这样的办公室时，我们要为教师创设开展小组讨论、共同制作教具的空间。我们可以把办公桌靠边放，中间放置一个大的会议桌，教师可以在这里开展讨论、制作教具。如果一个办公室只能容纳 4 名左右的教师，人均办公面积在 4 平方米左右，那么，我们可以把办公室设计成教师的小型书房，并有休闲的区域，每位教师有书橱、办公桌、置物架，并有三人沙发、茶几等等，这是比较理想的办公室。

图1

2. 从幼儿园文化创建角度思考办公室布置

办公室文化建设应体现幼儿园的文化，办公室的色彩运用和装饰细节应体现与园文化的交融。比较显性的做法是把园文化的口号贴在墙上，并从色彩、环境创设、桌面陈列等方面进行布置。如果园文化中主要体现的是"温馨"与"和谐"，那么，办公室的整体色调应与幼儿园的整体色彩一致，办公室的布置应体现团队和谐以及人文关怀。例如，有给教师提供点心、茶包的点心台；有"健康园地"、"温馨提示"等墙面布置；教师的办公桌上可以放一些可爱的小摆饰以及家庭照片等小物件。如果园文化中主要体现的是"环保"与"健康"，那么，色彩可以以绿色、黄色为主，办公室的布置应体现自然与健康。例如，可以创设健康食品展示区，提醒孩子们多吃粗粮，远离油炸食品等；墙面可以用自然界中的植物，如稻草等拼成富有田园气息的墙面装饰；每位教师写一句健康格言，并摆放一些水培、土培的植物以及小盆景；墙面可以开辟"活动园地"，展示教师健康的生活方式以及环保的行动等等。

图2

从幼儿园文化创建的角度思考办公室的布置细节，要从公用区域的创设上、展示园文化活动的展板版面设计上、体现团队精神的墙面格言选择上、体现个人风格和团队精神的桌面摆设上进行设计与思考。

二、教室办公区环境创设

1. 从教室办公区的主要功能思考其环境创设

幼儿园教师很适宜在教室内完成教具制作与观察记录的书写，越来越多的幼儿园都为教师在教室内开辟办公区域。教室办公区是观察幼儿自然状态的最佳场所。有的幼儿园教室办公区是一个独立的房间，这是最理想的。教室办公区不需要很大，但一定要与活动室有所分隔，在能看到活动室内幼儿活动情况的位置放置教师的办公桌，使教师能随时记录幼儿情况，但又不影响当班教师带幼儿进行活动。教室办公区是独立房间的，可在与活动室连接的墙面上开一扇窗，并装上布帘。

2. 从教师的需求出发思考其环境创设

教师需要在办公区内放置个人制作的教具、用具以及收集的材料等，因此，办公区域需要有搁置物品的置物架或置物箱，置物架最好是可以调节高低的，便于教师合理利用空间并分门别类地放置各种材料与用具，并做好标识便于取放。由于幼儿园教师工作的特殊性，每所幼儿园对教师的着装都有明确的要求，教室办公区也是教师带班前更换衣服的场所，教室办公区应该配有更衣橱，装有更衣帘，并有更衣的区域。

幼儿园教师的工作特点决定了其办公环境的特殊性，需要我们进行全面的思考、精心的设计。但无论如何，其创设都离不开幼儿园的园舍条件、园所文化、幼儿教师的工作特点与需求三方面的内容。只有从以上三方面出发进行深入思考，才能打造出体现职业特点，具有审美情调和文化品味，反映教师生活与成长，有个性、有灵气、有特色的办公环境。

1. 教师办公室环境能凸显幼儿园的文化吗？你认为幼儿园教师办公室环境该如何创设？在创设教室办公区环境中，你认为应该遵循怎样的原则？

2. 目前你的办公室环境如何？在现有条件下你是如何创设的？你希望如何创设一个理想的办公室环境？

（上海市浦东新区张江经典幼儿园　陈慧军）

5. 拓展开放的空间
——走廊环境创设

　　幼儿园走廊环境是反映园所特色的一个重要方面，也是幼儿园环境的重要组成部分。幼儿园走廊环境的创设需要根据幼儿、教师、家长和社会的不同需求来进行，应当考虑幼儿的认知、社会化、安全、园所环境的视觉效果以及园所文化的展现等方面。

一、走廊环境创设体现安全、美观

　　走廊是衔接幼儿室内和室外活动的通道，因此在走廊环境创设的选材上必须从安全的角度出发，不应有强烈、刺激的异味，以及尖锐、容易划伤的危险物。此外，还应考虑幼儿的心理健康，走廊环境所呈现的内容将会直接或间接影响幼儿的心理发展，只有能为幼儿带来愉悦心情的内容，才会让幼儿感觉到幼儿园的温馨之处。

图1

　　在幼儿园里，幼儿会通过眼睛来观察周围的环境，并映入自己的脑海。因此，为幼儿提供一个色彩和谐、形象具体、布局合理、具有美感的走廊环境至关重要。

二、走廊内容显现认知、社会内容

1. 认知指向的内容

幼儿的认知水平和成人是完全不同的。他们是根据自己的生活经验和学习水平来体验、感受外部世界的，因此在走廊环境的创设过程中，应依据幼儿的认知水平、幼儿学习的兴趣点和内容来设计环境。例如，根据小班幼儿的特点，可以在走廊上摆放一些小乐器（如铃鼓、三角铁、串铃等），让幼儿有机会敲打乐器，感受不同乐器带来的不同声音；也可以在走廊上张贴一些科学家的事迹和成果（例如瓦特发明蒸汽机、爱因斯坦发明电灯等），这些对于大班幼儿来说，可以增长他们的见识；还可

以在走廊墙面上张贴一些小动物的形象，不同的动物身上有不同的特性，如有的动物身上有柔软的毛皮，使幼儿通过观察动物的形象特征感知不同动物的区别……针对幼儿的年龄特点和认知水平来创设走廊环境，可以使幼儿的认知水平在一定程度上得到提升。

图 2

2. 社会化指向的内容

在幼儿的成长过程中，其社会化的发展是一个非常重要的环节。幼儿园是幼儿正式步入社会的第一个地方，在这样一个具有童趣的社会中，幼儿的社会化也在逐步发展。如何让幼儿的社会化得到更好的发展，让幼儿有能力去表达自己的想法，与他人进行交流互动，这是需要幼儿不断学习的。走廊环境可以为幼儿社会化的发展提供一个很好的平台。幼儿与家长每天都会经过走廊，与走廊环境进行交流和互动，了解、分享走廊中所呈现的内容。因此，我们应根据幼儿社会化发展的特点对走廊环境进行创设。例如，投放一些幼儿的照片，可以是和家人出去旅游的

照片或参加幼儿园亲子活动的照片，也可以是幼儿平时在园的一些活动照片，让幼儿能够尝试着向自己的爸爸妈妈介绍照片里的自己及平时在幼儿园的生活；还可以装饰一些班级最近进行的主题活动材料，如与主题相关的资料展示，主题活动中的作品展示等，通过环境呈现让幼儿告诉爸爸妈妈自己的在园表现。

此外，走廊是其他老师、家长、社会公众参观必经的通道，能体现幼儿园的精神特色。例如家园栏的创设，可以张贴主题预告、活动目标、家长来稿等内容，让大家更好地了解幼儿园的特色。

3. 园所文化指向的内容

由于幼儿园走廊具有较为开放的特点，可以成为展现园所文化的平台。因此，走廊环境的创设还需考虑幼儿园自身的特色，让他人通过环境一眼就能看出幼儿园所具有的文化内涵。展示的内容中可以有一些口号式的语言，也可以有介绍幼儿园各班情况的照片，给人以清晰、真实的印象。例如，在一所以科学为特色的幼儿园中，走廊环境创设可以有简单动物皮毛的内容，如用铃鼓制作"乌龟"的龟壳，在"鸭子"的身上镶上人造羽毛，在"老虎"的身上覆盖一层人造皮毛等，让幼儿通过观看、触摸的方式感受动物身上不同的特质；还可以有不同时期火车的演变过程图，从最初的蒸汽式火车到如今的动车，激发幼儿探索科学的兴趣。

图3

综上所述，幼儿园走廊环境的创设对促进幼儿和谐发展起到重要作用，我们应该针对幼儿的年龄特点，以及幼儿园自身的园所文化特色，创设适宜的走廊环境，让幼儿园走廊环境的创设在安全、美观的基础上得到进一步的提升。

延伸与讨论

你所在幼儿园的走廊环境是如何创设和利用的？通过阅读本文，重新思考一下走廊环境创设的思路与做法，与同伴交流、分享。

（上海市浦东新区张江经典幼儿园　刘伊骏）

6. 无声的老师
——课程环境创设

课程环境作为无声的教育，能帮助幼儿在建构知识经验的过程中获得必要的支持，激发幼儿探索、求知的欲望，是促进幼儿发展的有效平台。

一、课程环境创设的三要素

1. 孩子是环境的主人

课程环境创设应关注来自幼儿生命状态过程中的信息，关爱幼儿的生活，充实和提炼幼儿生活的意义。只有为孩子所经历、理解和接受的才是适宜的课程环境。

图1

2. 环境为课程服务

教师在课程环境创设中要有课程意识，应将教育目标和内容物化，把期望幼儿获得的知识、经验蕴含在课程环境中，使幼儿通过与环境的不断互动获得经验。

3. 环境体现"有美感"

环境体现"有美感"主要指：（1）单纯齐一。这是一种环境布置的整齐美。（2）对称。以一条线为中轴，左右两侧（或上下）均等，能体现出一种对称美。（3）匀称。匀称的环境布置在事物的整体与局部以及局部与局部之间保持着一定的比例关系，看起来很美。（4）和谐。环境布置的多样统一，可以说是环境美的高级形式。

二、课程环境创设的策略

策略一：在均衡中彰显特色

在课程环境创设中，要考虑课程内容的均衡，这有利于幼儿全面、和谐发展。要尽可能地渗透早期阅读特色课程内容，鼓励幼儿通过多种方式进行认识、表达和交流。

● 课程环境中凸显"点"上的均衡。"点"上的均衡是指班级课程环境创设的均衡，体现在认知情感、科学艺术、身体运动、语言交流等方方面面。这些内容通过区域划分和游戏环境的方式呈现，充分考虑不同幼儿兴趣和经验的需要。

● 课程环境中实现"面"上的均衡。"面"上的均衡是指全园课程环境创设的均衡，体现在园所环境的方方面面。这是对班级课程环境创设的延伸和拓展、补充和完善。同时，课程环境显现园所特色，我们的早期阅读特色在课程环境中无处不在、无时不有，所有环境中都渗透阅读的元素。

图2

图3

课程环境中均衡性和特色性的有机结合，不仅顺应了幼儿原有的经验和水平，还关注其潜在的能力，更有利于幼儿富有个性和创意地建构、实践。

策略二：在开放中相对封闭

课程环境的格局应体现不同功能，且符合幼儿的年龄特点，其类型和设置要合理，将开放区域和封闭区域有机结合。如阅读区和益智区通常呈封闭状态，让孩子们拥有相对安静和独立思考的空间；音乐区、表演区则设置在相对开放并远离安静区域的场所，既让幼儿拥有可以开放活动的空间，又避免对其他区域的干扰。

策略三：在丰富中体现有序

不同的材料蕴涵着教师不同的教育目的，不同的材料诱发出幼儿不同的兴趣和游戏行为。因此，教师不仅应提供丰富的、操作性强的、符合幼儿探索需要的材料，同时也应考虑材料摆放的有序性和层次性，呈现方式的循序渐进性。

● 丰富性体现在材料的种类多样和材料结构的高低不同。课程环境创设要为不同年龄的幼儿开展各种探索活动提供材料。这些材料可以是现成的教具，也可以是生活用品、自然物或废旧材料，让幼儿在摆弄、操作中充分发挥想象，自主创造。同时，课程环境创设既可以使用幼儿在操作过程中比较容易达到和检验自己游戏成果的高结构材料，也可以使用能千变万化地去摆弄，能推进幼儿自主建构的低结构材料。

图 4

● 有序性体现在材料的摆放与投放。材料摆放的有序性要求教师寻找合适的归类摆放位置，既井然有序，又方便幼儿使用、整理，帮助幼儿养成良好的行为习惯。材料投放的层次性要求教师在投放材料时，必须考虑材料内容的深浅程度是否符合幼儿的认知水平和基础，是否能促进幼儿在原有基础上发展。

三、课程环境创设的感悟

课程环境创设是一个"会运动的生命体"，是动态变化的过程，在这个过程中我们有以下感悟：

· 感悟一：推开了了解孩子的一扇窗。课程环境创设让教师用发展的眼光去发现孩子个体的潜质和独特性，学会从多角度观察、了解孩子，从多维度记录、分析孩子，并为孩子的个体建构提供支持和保障。

· 感悟二：为孩子的经验建构注入了"催化剂"。幼儿的发展依靠环境的支持，宽松、自主的课程环境让幼儿可以自主选择、探索、操作、尝试，以个体亲身体验和建构的经历获得丰富的感知，获得与同伴、老师共同建构的过程体验，激活幼儿的思维，启发幼儿从他人的角度看待自己，使自身原有的经验不断趋于客观和科学。

· 感悟三：课程环境创设是教师专业成长的"助推器"。在课程环境创设中，当教师蹲下身去倾听、了解和欣赏孩子时，便会不断获得专业上的领悟；当教师用崭新的视角去捕捉孩子发展的信息，用有效的方法去分析、评价幼儿的发展时，就会推进自身在专业视野和专业能力上的全面成长。

延伸与讨论

课程环境包括很多方面，请选取某个方面（如区域环境、主题环境、活动准备等）结合自己的工作经验谈谈创设怎样的课程环境才是孩子真正喜欢的，且能最大限度地满足孩子的情感、个性发展和建构经验的需要？

（上海市浦东新区浦南幼儿园　林剑萍）

延伸与讨论指南

● 关键词：**硬件环境**（1. 在环境中品味内涵——硬件环境创设）

硬件过硬会给人留下美好的印象，但不要被表面的花哨和豪华蒙蔽了双眼，要把促进幼儿发展永远放在首要位置；硬件过硬并不一定与花钱多直接关联，钱要花在刀刃上；更不要把缺钱作为硬件环境创设不作为的借口，可就地取材，因地制宜。

● 关键词：**软件环境**（2. 把文化"书写"在幼儿园中——人文环境创设）

环境创设也要注意"软"的东西，即文化、品位、内涵、特色、协调与美。要突出以幼儿的发展为本，体现人文关怀；要展示办园的思想、理念、特色，形成自己的园所文化；要重视环境的总体协调，给人以美的感受。

● 关键词：**公共环境**（3. 此处无声胜有声——公共环境创设）

公共环境对外是幼儿园的窗口，对内是幼儿园整体风貌和内涵的体现，事关幼儿园外在形象与内在涵养，忽视不得，马虎不得；哪些地方属于公共环境，要认真梳理，总体规划；如果可能的话，要有显著的标识；要区分固定的、动态的公共环境；公共环境属于全园的，可以用征集的方式优选创设方案，或以项目组的形式交给某个团队完成。

● 关键词：**办公环境**（4. 享受职业的快乐——办公环境创设）

教师的办公环境直接影响保教质量，要精心布置与设计，这是教师对自我的关心；教师一起来创设、美化自己的工作环境，设施设备的配备要量力而行，重要的是用心创设，有温馨和愉悦的感觉；出差回来带点小饰品，利用孩子的作品来装饰，隔段时间做个调整，都是小创新，都会有小惊喜。

● 关键词：走廊环境（5. 拓展开放的空间——走廊环境创设）

　　每个园所都不会忽略对走廊的设计，因为这里既是展示自我的舞台，也是班级对外的窗口；走廊虽小，但也是立体的，从上到下，可以全方位地"包装"，小小空间，可以创意无限；家长经常在走廊外逗留，也想看到自己孩子的信息，不要忽略了任何一个孩子。

● 关键词：课程环境（6. 无声的老师——课程环境创设）

　　创设美的环境仅仅是第一步，更要蕴含着教育价值；环境中有无声的课程，不需要教师要求，孩子已经行动起来；环境是一种指引和示范，会使课程实施起来更有效，多花点心思创设环境，课程的质量会在无形中得到提升。

第二辑 生活环境

1. 无言的提示
——生活环境中的标识

　　生活标识是指帮助幼儿自主、有序地进行盥洗、餐饮、睡眠等日常活动的提示性标志，既可以是简单的图形、符号、数字、方向标，也可以是照片、图片和简单的文字。生活区里的环境标识能起到暗示、提醒、教育的作用，是教师的帮手。它可以帮助幼儿与环境产生互动，让幼儿在愉快、有序、自主的环境中进行各项生活活动，逐步养成一些重要的生活习惯。

图 1

图 2

图 3

一、创设各种类型的生活标识

1. 创设细节图示化的生活标识

　　细节图示化的标识是指将生活行为习惯的要求和目标通过细节的图示暗示，让幼儿通过观看与模仿，养成良好的生活习惯。我们开展了对班级生活环境标识内容的细化探讨，例如，各年龄段班级厕所、餐厅、午睡室、自然角、衣帽架等区域需要幼儿遵守哪些规则内容，标识呈现的方式和年龄段的关联等。如小班盥洗室环境创设中，关于洗手的方法，以往我们大都会制作"洗手五步曲"标识，但是教师发现幼儿看着这样的步骤图学习洗手的方法，效果不佳。通过观察，教师发现这个年龄段的幼儿在学习洗手方法时需要关注细节，于是增加了各个部位搓洗的动作细节，让幼儿在观察图片、模仿学做的过程中学习了正确的洗手方法。

图4

图5

图6

　　从"洗手五步曲"调整到搓洗双手细节图示，这个改变源于班级幼儿洗手环节的实际需要。可见，生活环境标识不在于多和满，而要根据幼儿生活的实际需要来创设。

2. 创设步骤流程图式的生活标识

　　好的生活习惯可以通过一系列的图片动作标识表现出来，让幼儿观看、模仿、学习。例如，根据幼儿园保教工作的操作细则，对幼儿用完餐点和运动后使用擦脸毛巾的方法是有不同要求的。运动后要求幼儿不但要将脸擦干净，还要擦拭颈部和背部。在具体生活情境中，幼儿容易混淆，尤其是两者有细微差异的擦脸流程，

图7

幼儿往往会前后倒置、张冠李戴。于是，教师制作了两张对比流程图，将两种擦脸方法清晰地展现出来，一目了然，幼儿很快就发现了两者的区别。

3. 创设符号数字式的生活标识

显而易见，符号数字式标识是通过大量的幼儿能够理解的符号、数字来进行暗示，帮助幼儿养成良好的习惯。创设标识要以幼儿目前的发展需要、年龄特点、认知水平等为考量因素，要考虑到不同的生活场景需要不同的生活标识，要有针对性。

例如，为了让幼儿养成排队喝水的好习惯，我们在饮水区的地板上贴上了小脚印，幼儿会站在小脚印上依次排队喝水。这个出发点是合理的。但通过实际观察以及与幼儿的对话，教师意识到只有 3 对小脚印和简单的介绍是不够的，幼儿的排队意识依然不强。为此教师增加了脚印的数量，并给幼儿进行了现场示范，使幼儿意识到脚印与排队的关系。这样，生活标识就有了针对性，教师的教育语言和行为也有了针对性，生活标识和教育过程达成了一致。此外，我们在幼儿园的楼梯地板上贴上了小脚印、数字、箭头，在教室的游戏区地板上也贴上了小脚印，让幼儿根据这些标识了解各项规则。

图 8

图 10

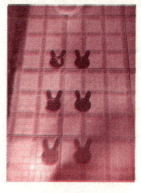

图 9

图 11

二、利用生活标识，培养幼儿的良好习惯

1. 激发小班幼儿的自主意识

对于小班幼儿来说，尽快适应新的环境是入园后首先需要克服的障碍。我们利用班级的生活标识，帮助幼儿尽快地了解幼儿园中的一些基本规则，例如，上厕所要排队，根据小动物标记寻找自己的物品等。通过环境的暗示，幼儿认识到盥洗室、教室、走廊、楼梯的基本规则，例如靠右走，站脚印排队，寻找自己的杯子等等。通过熟悉这些标识，幼儿在不知不觉中熟悉了班级环境，慢慢地由分离焦虑转向自主，更快地融入集体生活。

2. 促进幼儿良好习惯的养成

环境中的生活标识不是一种装饰和摆设，教师的正面引导能让孩子意识到这些标识的作用，并在行为上得到转变。自主意识的觉醒，意味着幼儿对一日生活各环节、对班级环境的基本规则有了初步的认识，紧接着，他们的行为就有了转变，他们意识到自己应当遵守这些生活标识所代表的规则，从而逐步养成良好的生活和行为习惯。

3. 学会观察、研究孩子，重点关注

幼儿良好习惯的养成需要班级三位教师共同努力，共同分析幼儿的情况。在指导的过程中，做到指令清晰、有序，并且要坚持执行，循序渐进。在指导幼儿的过程中，教师要注意帮助他们发现自己的优点，激起他们想要表现得更加好的意愿，用幼儿感兴趣的游戏和玩具延长坚持的时间，直到养成习惯。

在一日活动中，生活标识发挥了很大的教育作用，幼儿在与标识游戏互动的过程中，体验快乐、感受成功，逐渐养成了良好的生活习惯。在生活标识的引导下，幼儿愉快、充实、自主、有序地进行一日活动，自理能力不断提高。因此，让生活标识成为班级生活管理和教育的一部分，来推动幼儿快乐成长！

延伸与讨论

　　你认为环境中的生活标识对幼儿发展是否有帮助？能否和幼儿一起制作各种生活标识？如何制作？结合工作实际，举例说明并分享、交流。

（上海市浦东新区张江经典幼儿园　张肖芹）

2. 巧用生活用品
——小班生活环境创设

　　小班幼儿离开父母和熟悉的家庭生活环境，进入一个复杂、陌生的集体，要有一个适应的过程。创设温馨的生活环境，生活用品必不可少，例如电话机、自己喜欢的玩具、爸爸妈妈使用的物品、用纸板箱制作的大冰箱、玩具包装盒制成的电视机、煤气灶、洗衣机等，这些生活中的必需品，能帮助幼儿消除对新环境的陌生感，感受到家的温暖，减少分离焦虑。

一、选择常用的家庭生活用品

　　我们在选择游戏材料时，应尽量选择幼儿在家使用过的生活用品，帮助幼儿消除对环境的陌生感。一张照片、一件熟悉的玩具或物品可以安抚幼儿紧张不安的情绪，让他们慢慢减少对家人的依恋，逐步产生对新环境的认同。

图1

　　悦悦是一个比较娇小、内向的女孩，平日里都是由妈妈照顾生活起居，因此对妈妈特别依赖。悦悦刚上幼儿园时，怎么都不放开妈妈的手，妈妈走后，她就哭着喊着要妈妈，睡觉时也会念叨"我要妈妈陪我"。悦悦对妈妈的依赖，更突显了她在幼儿园里的孤独。于是，教师与家长沟通，建议家长给孩子带一张悦悦和妈妈的照片，或者把悦悦最喜欢的玩具和生活用品带到幼儿园。每天，悦悦伤心的时候可以看看妈妈的照片，抱抱自己心爱的玩具，睡觉时盖盖自己的小花被。悦悦逐渐变得开心了，还时常会有笑声陪伴着她……

可见，来自幼儿生活的真实物品满足了他们安全、依恋的需求，使幼儿逐渐消除了孤独感和依恋情绪。同样，教师还可以使用厨房的锅、碗、勺、盆，晾衣用的衣架、夹子，卧室里爸爸妈妈的旧衣服、皮包、拖鞋、领带、围巾等物品，让幼儿在操作、摆弄、玩耍中，满足依恋需求，减轻陌生环境带来的压力。

图 2

二、投放生活用品于游戏区域

我们将生活用品投放在区域环境中，满足幼儿的安全需要。例如我们在"娃娃家"中，设置了一间厨房和一间卧室，在卧室里摆上小柜子、小床铺、小镜子等，贴上幼儿"全家福"的照片；窗户上挂上画有卡通图案、色彩鲜艳的窗帘，再放上几只可爱的小布绒玩具……熟悉、舒适、真实的生活场景吸引幼儿融入其中，让幼儿在"娃娃家"里扮演爸爸妈妈，给"宝宝"喂饭、哄"宝宝"睡觉、在厨房里"做菜"，忙得不亦乐乎……游戏中，幼儿与生活用品充分接触，有助于缓解他们的不安情绪。

图 3

图 4

小班幼儿喜欢模仿，成人的言行举止都是幼儿模仿的对象。"漂亮屋"中所提供的成人鞋、旧衣服、袜子和纱巾都是幼儿平时在现实生活中经常能遇到的。幼儿看到这些平时在家里就能见到的物品后，很容易将所处的游戏情境与现实生活经验结合起来，从而有效发挥材料的游戏功能。他们穿着大人的鞋子，会感觉到自己也像个成年人，很新奇。也会学着爸爸妈妈的样子洗衣服、晾衣服，以表现出自己现在就是爸爸妈妈的角色。

图5

三、启发幼儿进行简单的想象和创造

小班幼儿已经出现了以物代物的意识，他们能注意到物与物之间的联系，而生活用品的提供恰好给幼儿增加了替代物的选择性。一次，"娃娃家"的"爸爸"把家里用来做花瓶的"养乐多"瓶子都放到了围墙外面，当他把每个瓶子都放在地上时还重重地敲了敲瓶子，然后弓着身子慢慢走过去，正准备装出点火的样子，"妈妈"抱着"娃娃"出来了。"爸爸"说："'妈妈'快进去，我要放烟火了，快把'娃娃'的耳朵捂住。"说完，"妈妈"往里退了退。接着，"爸爸"又弓着身子准备点火，可是他又突然站直了，"放烟火要点火的，我没火，我去找火。"说完，"爸爸"离开了"娃娃家"。不一会儿，"爸爸"手里拿着一块酷似火柴的方形积木过来了，他的双手做出划火柴的动作，连划了几次，小心翼翼地伸到"烟火"旁停了一会儿，马上捂着耳朵迅速逃离，"妈妈"在"娃娃家"里边跳边拍着手说："放烟火喽！"

在"娃娃家"中，有床、桌子、椅子、橱柜等家具，在游戏过程中，当材料不能满足游戏时，有的小朋友会问："咦！怎么没有冰箱？""要是有电视机多好啊！"一次，凡凡把从家里带来的两个饼干盒排放在一起，然后掀开两个盖子，大声告诉老师："老师，你看，这是三菱冰箱。"我一看，他在箱子的左上方贴了一个三菱标志。我笑着说："你真棒！变出了一台冰箱！"凡凡很高兴，一个劲儿地对同伴说："你看，这是我做的冰箱。"幼儿一下子被吸引住了，纷纷说："我也要做!""我家也有盒子。"于是，幼儿收集了许多生活中大大小小的纸箱，有药盒、饼干盒、鞋盒，把它们搬进了厨房。

　　生活用品在生活环境中的作用，能使幼儿自然回忆起自己原有的生活经验，体验到与同伴相处的快乐，体验到想象与创造的乐趣，体验到离开家庭后的别样温馨，使每个幼儿都能在有限的童年时光里快乐成长。

图6

图7

延伸与讨论

　　1. 您利用生活用品布置过哪块区域的生活环境？选用了哪些材料？

　　2. 什么样的生活环境对小班幼儿更有吸引力，能更有效地帮助幼儿养成良好的生活习惯？结合工作经验，举例说明并分享、交流。

（上海市浦东新区张江经典幼儿园　唐海鸥）

3. 幼儿园是我家
——小班生活区环境创设

小班幼儿年龄小，对家人非常依赖，在创设生活区环境时要从幼儿的兴趣和需要出发，创设安全、温馨、舒适的家庭式生活环境，让幼儿快乐生活、健康成长。

一、创设"家庭式"的生活区角环境，锻炼幼儿的生活技能

区角活动是幼儿在和环境的相互作用中，利用、积累、修正和表达自己的经验、感受，获得身体、情感、认知及社会性等方面发展的一种教育组织形式。幼儿园通常开设美工区、生活区、建构区等区角。

1. 温馨的"娃娃家"，感受家庭的温暖

小班幼儿对"家"特别依恋。我们为幼儿设计了"宝宝的家"，并轮流以幼儿的乳名命名，如"囡囡的家"等。家中有全家福照片，"爸爸妈妈"的衣服挂在衣架上，囡囡喜欢的布娃娃、小熊等玩具放在小床上，还有各种玩具、厨具及自制的"电器"等。幼儿在"囡囡的家"中，可以穿上"爸爸妈妈"的

图1

衣服，给布娃娃和动物宝宝穿新衣、新鞋，给娃娃"做饭"。在温馨的"家"中，幼儿快乐、自主地参与各项活动，很快就消除了焦虑的情绪，同时又学习了扣、绕、串、切等技能。

2. 忙碌的"洗衣坊",体验劳动的愉悦

对于洗衣服,幼儿有一定的生活经验,平日里他们经常会看到妈妈给宝宝洗衣服,因此,我们用纸板箱做成"洗衣机",增添了"晒衣架"、"烫衣板"、"熨斗"、"衣架"等物品,为幼儿创设了"洗衣坊"的布局。幼儿在"洗衣坊"中可以进行洗衣服、烫衣服、挂衣服等活动,幼儿不断重复这些动作,体验劳动的快乐,也学会了拎、按、压等技能。

图2

3. 自主的技能实践区,培养幼儿生活能力

幼儿期是培养孩子良好习惯的重要时期。我们注重创设生活实践区,培养幼儿的生活自理能力。例如,点心桌上教师提供面团、橡皮泥等,幼儿搓的搓、压的压、捏的捏。具有创造性的面团、橡皮泥,变成了幼儿制作"点心"的材料。"糖果店"里,幼儿用橡皮泥、教师提供的包装纸和绉纸等制作各种"糖果"。生活实践区的创设,既培养了幼儿的生活自理技能,又增强了他们利用废旧物品进行想象、创造的综合能力。

图3

4. 创设"自然角",在亲近自然中体验服务的乐趣

"自然角"把大自然引入教室,有助于幼儿感知周围事物的变化,促使他们更好地对大自然给予关注、探究和思考。"自然角"中,既有土培、水培植物,又有小鸡、小乌龟、小鱼等小动物,我们把这些植物和动物都写上幼儿的名字,引导幼儿为动植物服务,定期浇水、喂食料等,体验为

图4

动、植物服务的乐趣。

二、结合小班幼儿的年龄特点，做出合理指导

小班幼儿年龄小，角色意识弱，再加上他们注意力易分散，活动时常常会忘记自己的角色而顾此失彼。因此，要充分发挥生活区活动的教育功能，关键在于教师是否具备较高的指导策略。

在生活区指导中，应结合小班幼儿不同阶段的学习特点，作出合理的指导。

1. 初入园适应阶段

这个时期的幼儿具有"喜欢单一、独占玩具"的特点，我们设置了以幼儿熟悉的家庭生活内容为主的活动区，如娃娃家、玩具区、宠物区等，发动幼儿从家里带一些自己喜爱的玩具到幼儿园，这样幼儿在活动时能与自己熟悉并喜爱的玩具为伴，就会有亲切感、安全感。

2. 发展、熟悉阶段

这一时期的幼儿已经熟悉幼儿园的生活，情绪趋于稳定，在生活区活动中出现了初步的模仿、合作玩耍。这时要做到：

• 结合幼儿"喜欢模仿老师行为"的特点，增添反映幼儿园生活的内容

入园一段时间后，应增添反映幼儿园生活的内容，例如，"宝宝的家"，提供大大小小的娃娃及配套的衣服、鞋子等，让幼儿练习穿衣服、扣纽扣、系鞋带；"生活实践区"，提供五颜六色、大小不一的珠子，让幼儿练习穿项链、手链等。在这一阶段，幼儿的活动规模扩大，提供的材料较前一阶段也更为丰富。

• 结合"幼儿角色定位不明确"的特点，巧妙转移幼儿的兴趣点

由于幼儿年龄小，角色意识弱，再加上他们注意力易分散，活动时常常会忘记自己的角色。因此，不过分强调游戏的逼真。例如，幼儿把"煤气灶"拿在手上"烧饭"，"娃娃家"里有两个"妈妈"等，教师不

要为了追求游戏的逼真而去纠正、指责幼儿，避免挫伤幼儿活动的积极性。

由此可见，教师在小班生活区域活动中扮演着引导者、支持者、合作者的角色。在与幼儿合作的同时，教师可以更细致、更深刻地了解每个幼儿的性格特点、兴趣爱好，有目的、有针对性地对幼儿进行教育和引导，使他们的潜力得到最大限度的发挥，实现自主、和谐的发展。

延伸与讨论

1. 如何为小班幼儿创设更富有"家庭化"的生活区环境？

2. 是否可以尝试把幼儿家庭中的一些材料，如小调羹、小碗等提供到幼儿园生活区环境中？

（上海市浦东新区张江经典幼儿园 王 丽）

4. 洗洗真干净
——小班盥洗室环境创设

盥洗室是孩子每天生活必需的场所，也是培养幼儿良好生活习惯的地方。在布置盥洗室环境的时候，可想一想：幼儿在盥洗室里要进行哪些活动？这些活动中，哪些是可以通过环境的暗示来完成的？小班幼儿喜欢什么样的环境？怎么布置才能吸引幼儿去观看、去学习？理清以上问题，会对盥洗室的环境布置起到事半功倍的效果。

1. 悉心观察，确定盥洗室环境布置的内容

在动手布置盥洗室环境之前，必须先仔细观察盥洗室里的环境和设施，比如盥洗室里分为弟弟的小便池、妹妹的小便池、可坐的小马桶、洗手池、生活老师的清洗池等，由此可以确定在盥洗室里进行的生活活动有大小便、洗手、擦毛巾，那么，我们在环境创设的时候就可以围绕这三个内容进行。例如，可以在洗手台上贴上洗手步骤图，可以在小便池内贴上一些靶子等卡通图案，擦毛巾的地方可以贴上幼儿擦毛巾的照片等等。

图1　　　　　　　　　　　　图2

2. 仔细挑选，选择幼儿喜欢的环境图片

小班幼儿通常喜欢颜色鲜艳的卡通图案或形象逼真的图片，所以在布置环境的时候，我们要突显美观和图片内容一目了然的特点。例如，在选择洗手步骤图的时候，我们可以借用小动物的形象或者同龄幼儿的照片，图片中洗手的动作也要非常清晰地显现洗手的各个步骤，这样，幼儿在洗手的时候就可以通过观察图片中的动作来模拟正确的洗手方式。

3. 环境暗示，促使幼儿养成好习惯

通过实践我们发现，在盥洗室中，大小便、洗手、擦毛巾等活动可以通过环境暗示让幼儿养成好习惯。例如，小便活动可以分解为以下几个环节：排队等候——拉下裤子——小便——擦屁股——拉上裤子——冲水。其中拉下裤子、拉上裤子和擦屁股的环节比较复杂，很难用图示让幼儿了解。因此，我们可以将这些环节在生活活动的时候进行集体讲解和学习操作。而排队等候、冲水的环节，我们可以用图标暗示的方法，在盥洗室中布置相关图片，让幼儿自然而然地养成习惯。例如，我们在等候区的地上贴上一些红绿灯似的图标，红灯图标表示还要等一等，黄灯图标表示要准备好，马上就要轮到了，当踩到绿灯图标时，就表示轮到小便了。当然等待的标志也可以是幼儿喜欢的其他图形，例如小动物的脚印等，只要能吸引幼儿，让幼儿愿意踩在上面等一等，目的就达到了。其次，正确的洗手方式对于小班幼儿来说也是比较复杂的，只靠语言来讲解很难达到目的，我们可以用照片、图片的方式，结合教师的语言提示更快地达到让幼儿正确洗手的目的。当然还可以通过贴一些"洗手液宝宝的家"等小标记，让幼儿养成用完洗手液后及时归位的好习惯。

通过实践我们发现，可以在盥洗室里布置以下内容：排队等候的标志、洗手步骤图、取卫生纸的长度测量器、冲水标记。此外，还可以在其他空白的地方布置一些卡通图片，让幼儿在有趣的环境中喜欢上在盥洗室里进行的各项生活活动。

盥洗室是幼儿养成良好的洗手、小便习惯的重要地方，我们应该重视盥洗室的环境布置。只有这样，我们才能充分利用环境的暗示力量，

让幼儿能够在每天的生活活动中养成好习惯。动动手，让我们的盥洗室充满童趣吧！

延伸与讨论

1. 你认为小班的盥洗室需要创设哪些内容？
2. 哪些环节是可以通过图片的形式来提示幼儿进行操作的？

（上海市浦东新区张江经典幼儿园　曹朱怡）

5. 饮食里有文化
——餐厅环境创设

　　点心、午餐是幼儿生活活动中的重要组成部分，它关系到幼儿的营养摄入和健康成长，也直接影响到幼儿能否保持活动的积极性和旺盛的精力。为了使幼儿体验快乐进餐，我们需要积极地创设并形成一种幼儿喜爱的餐厅文化，让餐点活动成为一个文明、温馨、快乐的过程。

一、小班餐厅——创设温馨的"家文化"

　　小班幼儿刚从家庭生活过渡到幼儿园的集体生活，营造家庭般的温馨环境可以缓解幼儿焦虑的情绪，培养幼儿的进餐兴趣，使幼儿更快地适应幼儿园的进餐活动。

图 1

　　我们可以将矮小的柜子设计成"娃娃家"厨房的环境，将游戏情境与生活环境相结合，提升幼儿进餐的乐趣。同时也可以利用墙面、桌面组合设计一些立体的、可供幼儿模仿的环境，如正确进餐的方法、爱吃饭的好宝宝等。在小班的餐厅里，可以选择颜色鲜艳的餐桌，同一个餐厅里也可以摆放不同颜色的餐桌，让幼儿自主选择喜爱的餐桌颜色。同时餐桌是可以自由搭配的，可以变成长方形，也可以变成 U 型，还可以变成正

图 2

方形。多变的造型和绚丽的色彩会让幼儿爱上餐厅。

二、中班餐厅——创设科学的"饮食文化"

到了中班，幼儿的认知范围有所拓展，可以让幼儿对各种食物的外形特征及主要营养进行进一步的认识，通过多样、多彩的食物外形促进幼儿对食物的了解，逐渐养成不挑食的好习惯。

例如，教师在餐厅墙面上张贴了"黄豆宝宝变魔术"的内容，将以黄豆为原料的各种食物用图配文的方式展示出来，通过图片让幼儿了解到，原来豆浆、豆腐干、百叶等食物都是用黄豆做成的。教师还可以将食物按照品种和作用进行分类，并用图片的形式展示出来，如米面类可以让幼儿变得强壮，鱼虾类可以让幼儿变得聪明，蔬菜类可以帮助幼儿增强抵抗力等。还可以利用照片，将教师、幼儿和家人参与制作食物的过程呈现在幼儿眼前。对于幼儿不爱吃的食物，可以通过拟人化的手法把它设计成卡通造型张贴在进餐点，让幼儿从视觉上逐渐接受和喜爱这些食物，在耳濡目染、潜移默化中，逐步养成良好的进餐习惯。

图3

图4

三、大班餐厅——创设自主的"多元文化"

大班幼儿在自理能力方面有了很大的提升，因此尊重大班幼儿的想法、创设具有竞争意识的环境、将多元的饮食文化融入大班餐厅环境创设中，能更好地促进大班幼儿自主、独立能力的发展。

　　我们可以将大班的餐桌分为清洁桌、安静桌、文明桌，让幼儿自主选择就餐座位，根据桌子的进餐主题遵守进餐规则；或者选择一个喜欢的座位坐下，和自己喜欢的同伴共进午餐。大班的幼儿可以自己动手，自主添饭加菜。在大班的餐厅中，我们可以用图片、照片等方式展示地方特色饮食、节日特色饮食等饮食文化，如不同节日的代表性食品、不同地方的特色小吃等。这些内容的展示能够增强大班幼儿对不同饮食文化的了解。

图5　　　　　　　　　　　　　　图6

　　针对不同年龄幼儿的特点，我们可以创设相应的餐厅文化。例如，在中班餐厅可以创设"我进步了"、"我是不挑食的宝宝"等"星星榜"，通过环境对幼儿进行个别化指导。另外，我们还可以用美妙的音乐调节"食不语"的餐厅氛围。中国传统饮食文化认为，进餐时说话容易呛食，因此"食不语"是多数幼儿园的常规。我们可以播放一些舒缓优美的名曲，给人以宁静、闲适的感觉，这样既能促进消化，又营造了温馨的环境。当然，也允许幼儿小声交谈，但必须做到说话之前先吃完嘴里的饭菜，不影响同伴，声音也不要超过音乐声。这样，既能减少意外的发生，又能营造一个宽松、温馨的集体就餐环境，让幼儿深深体验到与老师、同伴共同生活的快乐，使午餐真正成为幼儿的欢乐时光。

　　餐厅文化虽不宏大，但是我们可以根据不同年龄段幼儿的特点，更加用心、细致地进行创设，使幼儿的进餐变得愉悦、舒适。

延伸与讨论

　　你觉得孩子进餐时是否可以小声交谈？如何处理餐厅文化中自由与规则的关系？先培养幼儿进餐习惯还是先创设餐厅文化？两者有何关联？结合工作经验讨论这些问题，并与同伴分享。

（上海市浦东新区张江经典幼儿园　周　慧）

6. 好习惯促成长
——生活功能室环境创设

要想帮助幼儿养成良好的生活习惯，生活环境起到潜移默化的影响。为幼儿创设与教育相融合的、顺应其发展规律的生活环境，有助于他们习得生活自理的技能，养成良好的生活习惯，促使身心健康地发展。

一、餐厅环境——自主、愉快、安全、卫生

1. 墙面呈现餐饮教育内容

幼儿园餐厅环境直接影响着幼儿能否养成良好的进餐习惯，对幼儿的生长发育起着重要的作用。现在不少幼儿有挑食、偏食的习惯，如果我们在餐厅墙面上张贴不同食物的营养知识，让幼儿能够经常看到，那么，对于培养幼儿良好的进餐习惯是有很大帮助的。例如，我们在墙面上布置"每日营养多"的内容，有意识地选取一些幼儿可能不太喜欢吃的食物，在这些食物旁边以图配文的形式，附上食品的介绍或食物营养知识的介绍，通过隐性的环境教育让幼儿意识到各种食物都要吃，帮助幼儿解决挑食、偏食的问题。

图1

此外，餐厅墙面上布置的内容要符合幼儿的年龄特点。中班、大班以进餐的方法和礼仪、食物的营养成分等内容为主，培养和加强幼儿的生活习

惯以及文明礼仪知识，□□班则以食物的名称、品种等简单认知内容为主。

图2　　　　　　　　　　图3

2. 餐桌、餐具需合理摆放

餐桌、餐具应准确摆放，这样可以使幼儿不再盲目地寻找餐具、小毛巾，让幼儿在实物的暗示下有序地完成自我服务活动。圆形餐桌让幼儿围坐在一起进餐，就如同在家里吃饭一样，体现了浓浓的"家庭"氛围，情感上达到了温馨的效果；幼儿坐的是轻便的小圆椅子，便于进餐后摆放整理。

二、盥洗室环境——方便、卫生、舒适

1. 让幼儿自主参与环境的布置

中班、大班幼儿有自己的想法和主见，他们活动的自主性、主动性明显提高。我们在布置盥洗室环境的时候可以让幼儿自己动手，和教师一起制作步骤图，教师将幼儿创作的作品呈现出来，增强幼儿的自信心和成就感。

图4　　　　　　　　　　图5

2. 呈现男女分厕的标记

中班和大班的幼儿已经具有性别意识，因此，在盥洗室增加男女分厕的标记，可以充分尊重和保护幼儿的隐私，也是对幼儿心理上的呵护。现在，许多幼儿园还不具备男女分厕的条件，但是我们提倡在盥洗室中设置男女厕所的标识，让幼儿从小养成一种良好的习惯，也可以更好地实现"幼小衔接"，让幼儿提前适应。

图 6　　　　　　　　　　　图 7

3. 增加绿色植物，美化环境

在盥洗室里，我们可以种养一些绿色的水培植物，既可以美化盥洗室的环境，也可以让幼儿观察水培植物的生长，为幼儿创造发现"美"的机会。

三、午睡室环境——光线适宜、温馨和谐

1. 室内布置要得当，光线要柔和

柔和的光线和色彩是保证幼儿午睡质量的首要前提，幼儿午睡室的光线直接影响幼儿的入睡速度。因此，每天在幼儿即将午睡前，教师要拉好窗帘，以保证午睡室的光线适宜。还可以在午睡室布置一些"嘘！轻轻"等图配文的儿歌图片，提示幼儿睡觉前要轻轻地走路、轻轻地说话，培养幼儿自觉入睡的好习惯。

2. 营造良好的心理环境，帮助幼儿更好地入睡

午睡时间，创设柔和、安静的音乐环境，能使幼儿在舒缓优美的音乐后，情绪安定，很快进入甜美的梦乡。令人精神振奋的起床音乐响起后，幼儿随着音乐自如地穿衣穿裤、整理床铺，有助于自理能力的提高和发展。

创设良好的生活环境，能给幼儿一个安全的港湾，能使他们将自由、智慧、艺术融于生活环境之中，使幼儿在与环境的相互作用中积累各种生活经验，并产生相应的情感体验。生活活动的教育过程，不仅提高了幼儿的生活自理能力，同时也为幼儿创设了一个宽松、和谐、安全的生活环境。

延伸与讨论

1. 根据幼儿年龄段的不同，怎样布置适宜的生活环境？
2. 结合自己布置环境的经验，谈谈餐厅、盥洗室、午睡室还可以增加哪些合适的布置？

（上海市浦东新区张江经典幼儿园　顾丽姣）

7. 小囡多喝水
——小班饮水区环境创设

虽然饮水区所占地方不大，但对于幼儿的健康来说却起着举足轻重的作用。创设一个温馨的饮水区环境，能够让幼儿置身于家庭氛围中，轻松、愉快地进行生活活动，养成良好的习惯。

为了能让幼儿多喝水，我们想了一些办法，将饮水区进行了简单的布置。在杯架上贴上小动物的贴纸，每个小动物都表示不同的幼儿，在体验活动的时候，我们将属于每个孩子的小动物告诉爸爸妈妈和孩子，让孩子们知道自己的杯子是放在什么小动物上的。在地上贴上小圆点，在饮水机前面的墙壁上贴上一些卡通图片等。然而在使用的时候，还是出现了麻烦——

图1

"老师，他拿了我的杯子！""老师看看，嘟嘟你的杯子是哪个呀？""呜呜呜，是小狗……""不对，我的才是小狗！""张老师，帮我看下记录本，嘟嘟的小动物是哪个？"无奈的我只能向张老师求救了。

"呜呜呜，麦麦推我！""麦麦，接水的时候要排队，我们大家都喜欢等一等的宝宝哦！"

"哇哇，他不让我接水！""老师，他把水打翻了！"……

这样的声音此起彼伏，我们成了"消防队员"，到处"灭火"。

吵吵闹闹的一天终于过去了，下班后教师及时进行了反思：为什么每次喝水的时候总是会发生这么多"突发事件"呢？为什么已经提醒过他们喝水时要排队，排队的时候可以站在地上的小圆点上，但是真到了喝水的时候全都无视地上的小圆点呢？

讨论过后，我们发现是饮水区的布局和标志出现了问题，于是我们重新布置了饮水区：将饮水机搬到一个比较独立、空间也比较大的区域中，在饮水机旁边放了两张小桌子、几把小椅子。这样，幼儿接完水之后就不用再走一小段路到自己的座椅上去喝水，几个幼儿围成一圈，喝水的兴致也上来了。其次，

图2

在饮水机后面的白墙上张贴一幅小动物排队的图片，用小动物的口吻提醒幼儿："你们也要排好队哦！"这样比较容易让幼儿接受。最后，我们考虑到小班幼儿的特点，将地上的小圆点撤掉，换成了有趣的小动物头像。有趣的小动物头像很容易吸引小班的幼儿，会让他们产生站在小动物上等一等的愿望，老师在提醒幼儿排队的时候也可以说："听！小兔子在说，谁来和我做朋友呀？"小家伙们就争先恐后地要站到小兔子的头像上去。几次以后，孩子们就养成了排队接水的好习惯。于是，我们小小的饮水区也一天一天变得更加有序，孩子们也有了一个舒适的饮水环境。

这次饮水区布局的前后变化，让教师深刻地感受到了环境对于培养幼儿良好习惯的重要性。教师还发现，一个好的环境布置必须做到以下几点：

● 小班饮水区的环境要舒适，空间要相对大一些。由于小班幼儿年龄的特殊性，要求教师创设宽松的生活环境，如果地方太小，容易发生推挤、打闹的情况。布置一个相对独立且不受干扰的环境，有利于幼儿安静有序地饮水。就如上面案例中说到的，一开始由于教师没有认识到饮水区布置的重要性，没有用心地规划空间，导致后来幼儿在接水、饮水的过程中出现很多问题。

● 小班饮水区的环境要具有童趣，要能吸引幼儿的兴趣。例如，一些卡通形象就比较受欢迎，能吸引幼儿去观察。所以在布置饮水区环境

的时候，教师不仅要考虑到美观，也要考虑到幼儿的喜好及接受度。

图3

● 针对班级幼儿的特点和当前兴趣，设置适宜的标志。案例中，之前的"小圆点"标记不是幼儿所喜欢的图案，没有引起幼儿的关注，后来教师进行了改进，设计了小动物的头像来做标志，很受幼儿欢迎。这是因为小班幼儿很喜欢小动物形象，加上当时幼儿正在学习小动物模仿操，对小动物的兴趣很浓厚，一看到小动物头像就很开心，想要踩在上面。可见，适宜的标识获得了幼儿的一致认可。

一个适宜的饮水区环境不仅能引起幼儿的关注，也能让幼儿越来越喜欢喝水，从而达到让幼儿自主喝水、多喝水的目的。教师可以借鉴好的做法和经验，根据自己班级幼儿的实际情况进行创造性的调整和改进。

延伸与讨论

1. 你带小班的时候碰到过幼儿错拿别人的杯子或幼儿互相推挤导致水打翻的情况吗？你是如何预防这种情况发生的？

2. 幼儿不喜欢喝水，一天喝水量过少时，你是如何通过环境的调整来提高幼儿饮水兴趣的？

（上海市浦东新区张江经典幼儿园　曹朱怡）

8. 在生活中学习
——生活环境中的课程

幼儿的一切教育活动都来自生活，同时也应回归生活。生活环境的创设为幼儿生活活动的开展提供了重要的场所。我们可以抓住一切生活元素、生活情境为幼儿创造适宜的生活环境，为幼儿创设学习和发展的机会。

一、在生活环境中培养幼儿的生活能力

1. 独立性及生活自理能力

生活环境首先承载着培养幼儿独立性的功能。小班幼儿刚入园，接触最多的就是生活环境，他们在生活环境中学会自己进餐、整理餐具、洗手、擦毛巾、喝水、大小便等，在生活活动中幼儿从依赖走向了独立。因此，我们可以在生活区内创设一些和幼儿年龄段相适应的生活学习图片。例如，小班可以用图片告诉幼儿如何拿小勺、如何用毛巾擦嘴擦脸等。除了创设生活学习图片外，教师也可以组织幼儿进行一些集体学习活动。例如，刚进幼儿园的孩子不会用厕纸擦屁股，教师就可以用娃娃来

图1

替代小朋友进行示范，并请个别幼儿进行模仿学习。

图 2

通过环境的暗示、正确的示范，幼儿能更自信地独立完成自己的生活活动。教师还要用鼓励的方式继续跟进，激发幼儿"自己的事情自己做"的愿望与自豪感。

2. 良好的行为习惯

习惯培养是生活活动的一个重要功能。生活习惯培养的内容很多，如人多排队、安静进餐、不浪费等。教师可以用图片、符号、语言等方式进行提

图 3

示，对幼儿习惯进行培养。例如，可以用小脚印的符号提示幼儿如何排队；通过图配文儿歌图片培养幼儿节约的习惯；通过食物金字塔的图片培养年龄大的幼儿不挑食的习惯。教师可以通过口头表扬、即时奖励等方式表扬具有良好习惯的幼儿以及有进步的幼儿，还可以在生活区环境中创设一些评比活动，例如，评评碗里吃干净

的幼儿，比比谁不挑食。评比活动中除了表现最棒的一些孩子可以上榜，还要顾及那些习惯较弱的幼儿，例如，可以创设进步墙，鼓励那些虽然不是名列前茅但是有进步的幼儿，激发幼儿不断进步的意识。

二、在生活环境中培养幼儿的认知能力

在生活环境中除了培养幼儿最基本的生活能力外，还可以将认知内容巧妙地融入其中。

1. 生活环境中融入"数"认知的内容

我们可以在幼儿生活情境的创设中捕捉幼儿"数"教育的契机。例

图4

如在植物角照顾植物时，我们需要根据植物的特性来设计浇水量的标志。此时，幼儿可以参与到设计浇水量标志的活动中来，区分不同的标志应浇多少水。又如，在天气预报记录活动中，可以分享不同幼儿记录天气预报的方式、天气预报中不同的数字代表的含义等。

生活活动中我们可以利用时钟对幼儿进行时间概念的教学。例如，可以告诉大班的幼儿：在短针指向11，长针指向8（11：40）之前吃完饭就可以去草地上散步；在短针指向4，长针指向10（4：10）之前整理完自己的书包。长此以往，幼儿就会逐步建立时间概念。对于年龄小的幼儿，我们可以在点心后面放上标牌，告诉他们哪种点心可以夹几块，根据幼儿认知能力的不同，教师还可以在数字下面添加对应的点数，从而提高他们对"数"概念的认知。在幼儿的衣帽间，我们可以贴上相应的数标签，如自然数、奇数偶数分类、几零几等，让幼儿在自然的生活环境中与数相伴，与数为友。

2. 生活环境中融入语言认知的内容

生活活动中的许多教育都离不开语言，语言文字是帮助幼儿理解和学习的催化剂。例如，在小班幼儿生活活动中，教师常常会把一些生活方法用朗朗上口的儿歌进行总结，这些儿歌优美动听，幼儿在念儿歌的时候不仅学习了生活方法，还提高了语言表达能力。因此我们可以在生活区针对幼儿的生活习惯编写、制作一些儿歌图片，帮助幼儿用看图、念儿歌的方式牢记良好的生活习惯。年龄大的幼儿的生活环境中常常会出现图配文的儿歌图片，例如，关于进餐礼仪的儿歌，关于食物或

图5

食物营养的图片介绍。这些图片不仅帮助幼儿了解了生活活动中的基本常识，也为幼儿提供了良好的语言环境，让幼儿在环境中认识、理解文字。

　　只要用心，你就会发现在幼儿生活活动中教育无处不在。教师要抓住各种契机，为幼儿创设有益的、多元的生活环境，从而使幼儿更健康、全面地发展。

延伸与讨论

　　你是如何创设生活环境的？还有哪些需要改进的地方？结合你当前的工作和班级实际情况，谈谈生活环境创设对幼儿发展的影响。

（上海市浦东新区张江经典幼儿园　　周　慧）

延伸与讨论指南

- ● 关键词：标识（1. 无言的提示——生活环境中的标识）

标识是一种很直观的符号，在成人已经进入"读图时代"的背景下，标识对年幼孩子的作用是不言而喻的；标识很重要，但也不宜过多，所以要遴选适合图示的内容做出标识；标识并不是文字提示，而是无国界的图像语言；教师应该和孩子一起动手制作标识。

- ● 关键词：生活用品（2. 巧用生活用品——小班生活环境创设）

把生活用品带入活动室，是为了缓解小班幼儿初期的陌生感和焦虑感，营造宽松、温馨的环境；这只是个过渡性的措施，让环境贴近幼儿的生活，使孩子接纳、融入环境，这才是长久的；还可以让幼儿带自己的玩具、图书等物品，与同伴交换共享，促进互动。

- ● 关键词：生活区（3. 幼儿园是我家——小班生活区环境创设）

为小班幼儿创设"家庭化"的生活区环境，要突显真实、温馨的特点，在此原则下，教师可以发动家长提供家庭生活所需材料，利用社区资源提供社会生活场景所需材料；在虚拟的生活区让孩子充分理解社会生活，在真实的生活区让孩子做力所能及的事，培养自理能力。

- ● 关键词：盥洗室（4. 洗洗真干净——小班盥洗室环境创设）

小班盥洗室环境以卡通、活泼、有趣的氛围为主，用各种卡通形象或者小动物的形象来演绎一些需要在盥洗室里进行的生活活动的步骤；在布置盥洗室的环境之前，教师需要根据幼儿的年龄特点和实际情况整体规划盥洗室的环境；盥洗室的环境布置要有必要的安全提示；教师可以根据班级幼儿的情况对盥洗室的环境进行微调。

● 关键词：餐厅（5. 饮食里有文化——餐厅环境创设）

　　饮食是幼儿的基本需要，应设法让孩子享受这个过程；最好有专门的餐厅，环境应该干净整洁，通过各种布置来激发幼儿的食欲，在活动室里进餐也要尽可能满足这些要求；可以在餐具上做些文章，如颜色鲜艳、造型别致、充满童趣，但要保证材料的安全与环保；氛围要适当宽松些。

● 关键词：午睡室（6. 好习惯促成长——生活功能室环境创设）

　　最好有专门的午睡室，做到空气流通，光线和温度适宜，卧具整洁干净，不必做花哨的布置，只需做些安静或睡眠的提示标识，比如小动物睡眠或星星月亮的图示等；冷天房间布置成暖色调，热天房间布置成冷色调，有利于幼儿睡眠。

● 关键词：饮水区（7. 小囡多喝水——小班饮水区环境创设）

　　饮水区尽量宽敞些，有趣、舒适的环境布置可以减少矛盾的产生；幼儿容易拥挤，利用小标记可以有效约束幼儿的行为；好玩的饮水记录表也有助于幼儿养成爱喝水、多喝水的好习惯。

● 关键词：课程（8. 在生活中学习——生活环境中的课程）

　　在生活中学习是最适合孩子的；各领域的课程可以在各生活区体验，也可以利用各生活区的环境有效开展；一日活动中，各生活环节是实施课程的良机。

第三辑　游戏与区域环境

1. 美上加美
——美工区环境创设

在美工活动区开展的活动，应该以充满美感与创意的环境、丰富与新颖的材料、多变与艺术感的表现形式吸引幼儿主动参与。

一、在视觉冲击中体现和谐的色彩运用

美工活动区是让幼儿欣赏美、体验美、理解美、创造美的场所，色彩的运用尤为重要。有创意的美工活动区的色彩应该能给幼儿以视觉冲击，让他们不断感受色彩、了解色彩，并体验审美的愉悦。

图1

1. 以对比色为主色调

黑白、黄蓝等对比色可以给幼儿很强的视觉冲击，所有环境布置以此为主色调，也很协调。例如，墙面是深蓝色的，护壁板是原木黄的，桌子的面板是姜黄色的，嵌入蓝色的勾线，椅子是淡蓝色的……既有同类色的和谐，又有对比色的相互映衬，整体布置协调且富有美感。

图2

2. 协调色、主配色搭配

以绿色为主色，搭配黄色、白色在幼儿园中被广泛运用。深浅不同的主色相间，以及主色与配色在顶部、墙面、家具上的搭配运用，使活动区充满生机。常用的搭配还有以灰色为主色，配粉红色；白色为主色，配蓝、绿色；黑色为主色，配红色等。

二、在奇思妙想中体现全面的布局设计

美工活动区按功能一般可分为作品展示与欣赏区、材料与操作区；根据活动内容一般可分为涂鸦玩色区、绘画装饰区、泥塑区、纸工区等。

1. 全面而富有特色的区域设计

● **充满情趣的涂鸦玩色区**

涂鸦是幼儿最初用美术工具与材料进行表达、游戏的方式，"涂鸦墙"是让幼儿大胆探索、体验创造的乐趣、发挥想象力的地方。因此，涂鸦玩色区的创设应凸显情趣。

● **充满艺术感的绘画装饰区**

绘画装饰区是美工活动区中充满艺术感的区域，一般设有展示幼儿作品的陈列橱，摆放着经过色彩、线条装饰后的瓶子、盒子、纸袋、彩蛋、脸谱等。同时，墙面上可张贴适宜幼儿欣赏的大师的经典作品，例如凡·高的《向日葵》等。

图3

● **充满灵感的泥塑区**

在泥工区的创设中，一般都有展示幼儿作品与教师泥工范例的格状陈列橱。彩色的泥工作品在灯光的映衬下显得稚拙可爱，富有灵动的感觉。

● 充满童趣的纸工区

纸工区内材料纸的摆放也是环境创设的重要部分，一般都按从暖色到冷色的顺序摆放。纸按顺序可放在纸盒、木架子上。幼儿的纸工作品，如剪纸、撕贴作品可以制作成屏风，也可以制作成相架摆放在区域内，让纸工区富有童趣。

图4

2. 充满艺术感的细节设计

● 适宜的灯光凸显艺术氛围

灯光一般有两种，一种用于衬托作品，直接打在作品上；另一种用于照明，可上下拉，很有诗意，可以根据作画的需要调节灯光。

● 巧妙的隔断营造自主的空间

幼儿的活动需要既开放又封闭的空间。隔断的选择很重要。一般的隔断有柜子隔断、展示作品的屏风隔断、支架隔断。支架隔断的支架可以是塑料管材质的、木质的，把幼儿活动的区域分割成几部分，幼儿可以自主选择活动区域。

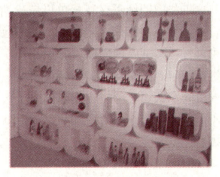

图5

● 实用的操作台有助于潜心创作

操作台是幼儿制作美术作品的桌子，可以由几个弧形桌拼成圆形，中间凸起处放作品，便于幼儿取放材料和学习别人的作品。也可以是长条形的操作台，供一组幼儿一起制作，中间凹陷处可放置纸篓。还可以是方形操作台，四个角上的四个方形凹槽，可以让幼儿放置活动工具与材料，非常实用。

三、在丰富多彩中体现环保的材质利用

1. 整体设计中废旧材料的利用

- 墙面装饰

把餐巾纸卷芯刷上红、黄、蓝等颜色，串成绳梯状，按颜色排列在墙上装饰，具有色彩感与立体感。也可以把印刷纸卷排列在墙上装饰，印刷纸不规则的图案与色彩显示出自然的装饰效果。水彩笔排列、蛋壳染色排列、纸板箱装饰画都是非常有艺术感的墙面装饰。

- 悬挂物

可以用白色的枝条穿上乒乓球做悬挂，毛线、广告纸做成帘子悬挂，报纸叠成各种几何形状做悬挂。

- 隔断

生活中的许多材料都可以做隔断的材料，例如，旧花盆刷上统一的颜色既可以置物又可以做隔断，轮胎用绳子捆绑后既通透又富有情趣，油烟机管、洗衣机管等站立放也可以做隔断，大大小小的纸盒只要合理搭配都是富有创意的隔断。

图 6

2. 创作中废旧材料的利用

涂鸦玩色区中塑料瓶盖拓印、报纸团印花、吸管吹画、小车滚色，都是幼儿喜爱的玩色材料。绘画装饰区中一次性杯子、盘子是绘画的好材料，CD 盘贴上五官可以变成各种可爱的小动物。牛奶盒、塑料瓶、纽扣等材料也可以用来装饰。

美术最大的特点在于创造。创设美的、丰富的环境可以向幼儿传递美，传递情感，点燃幼儿创造的火花，这是美工活动区创意设计的价值所在。

延伸与讨论

1. 在美工活动室（区）的环境创设中，如何权衡教师的审美标准与孩子的审美标准的关系？如何权衡教师的艺术指导与孩子的自由表现之间的关系？

2. 美工活动室（区）如何体现多元性？

（上海市浦东新区张江经典幼儿园　陈慧军）

2. 激发主动的探究
——科学区环境创设

　　科学活动区里提供了丰富的操作材料，让幼儿与环境、材料充分互动，能引发幼儿对科学现象的兴趣，产生主动探索的愿望。在探索的过程中，幼儿的注意力、观察力、想象力、创造力都会得到较大发展。

一、环境创设，突显立体性

　　科学活动区中的墙壁、空间都可以成为教师与幼儿创造的场地，立体感强的环境，在视觉上能先声夺人，起到良好的教育效果。

　　科学活动区的墙面上可以使用多种材料，呈现不同的效果。例如，可以在一次性纸杯上涂上各种颜色，粘贴在墙面上制作成地图，这在给幼儿

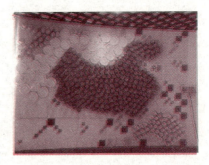

图1

美感的同时也向幼儿传递了多元文化的信息。黑洞洞的宇宙星空是幼儿最感兴趣的，可以将天花板喷绘成"宇宙银河系"，四周点缀繁星及散发蓝光的地球，同时在天花板上安装声控灯、荧光灯等，幼儿可以通过它认识宇宙天体，感受自然与科技的魅力。还可以创设冷、暖色温体验区域，它由两个空间构成，一个空间铺满蓝色系彩纸，另一个空间铺满红色系彩纸，蓝色、红色形成强烈的色彩对比，给幼儿直观的冷暖感受。

图2

图3

二、区域布局，突显多元化

科学活动区环境的创设应该注重让幼儿充分操作、体验、感受，在与材料的充分互动中习得科学经验。例如，根据幼儿的兴趣点和认知经验，可以布置宇宙光学区、人体研究区、动手实验区、创意制作区、百草中医区、生活实践区等，各区域不一定一次性全部创设好，可以根据需要交替创设。

1. 从幼儿兴趣出发，创设"动手实验区"

幼儿是通过动手操作和接触具体事物与感性形象来获取知识的，让幼儿看一看、摸一摸、做一做、玩一玩，通过玩中学、做中学获得科学知识。

我们创设了"动手实验区"，提供了丰富的操作材料。例如，创设了空气区、电磁区、光区域、声音区，提供了秤、小电珠、磁铁、各种废旧的纸盒、剪刀、胶水等，让幼儿学会运用观察、比较的方法，掌握物体的各种特性，从

图4

而对科学产生兴趣，提高科学素养。在"沉浮实验"中，我们为幼儿提供了各种辅助材料，例如小石子、橡皮泥、纸、线等，让他们运用这些辅助材料完成任务。"过山车"是幼儿喜欢的游戏形式，在实验区中，我

们提供了倾斜程度不同的斜坡、不同质地的斜坡面，幼儿通过操作，探索了倾斜度与速度、斜坡质地与摩擦力的关系。

2. 从研究特色出发，创设"百草园"、"人体区"

科学活动区的内容设置应体现幼儿园的研究特色，创设与幼儿密切相关的各个区域，激发儿童的好奇心、想象力、创造力，塑造幼儿的品格，促进儿童身心健康发展。我们创设了"百草园"、"人体区"。在"百草园"中，我们呈现了大量的中草药标本，如枸杞、决明子、仙人掌等，向幼儿传播中药科学知识，激发幼儿对人体与医药的好奇心和探究欲望。在"人体区"中，我们呈现了牙模、人体模型、穴位图等，让幼儿感知身体的各个组成部分，并通过自己摆放各种器官，初步了解常见器官的位置，知道如何保护它们。

3. 从注重创造出发，创设"创意制作区"

科学活动区创建的重点不在于对幼儿进行科学体系的传授，而在于引导幼儿经历科学探究的过程，并培养幼儿的创造能力。例如，可以发动家长共同收集各种废旧材料以及自然材料（如果壳等），提供各种制作工具，创设"创意制作区"，让幼儿选择制作材料进行再创造，在发现中学习、创造。例如，我

图 5

们提供各种纸盒、绳子、瓶罐、管子、木块等材料，鼓励幼儿发挥创造性，动手制作；提供各种小工具，如剪刀、胶水、笔、尺、螺丝刀、榔头、起子等，让幼儿学会正确、安全地使用。"创意制作区"的建立，在很大程度上满足了幼儿自主学习的需要，进一步激发幼儿动手实践、体验成功、不断创新的强烈愿望。

4. 从注重生活出发，创设"生活实践区"

生活实践区体现了"让孩子在生活中学科学，让科学回归生活"的

教育理念。可以为幼儿提供生活中的家用电器，如电热水瓶、微波炉、榨汁器等，让幼儿通过动手做一做、榨一榨、捏一捏等活动，体验生活劳动中的快乐和所蕴涵的科学知识。在"包饺子"的活动中，通过往面粉中兑水和面的步骤，让幼儿感知面粉从粉状到面团的变化过程，初步掌握水与面粉的配比；在揉面、制作饺子皮及包饺子的过程中，幼儿的分工合作也得到了发展。

随着科学技术的发展，我们还应该在科学活动区配备电脑、多媒体网络系统。科学活动区应该随着幼儿的兴趣点和主题的发展而不断地充实、完善，这样才能成为幼儿探索、操作、发现的一片天地。

延伸与讨论

1. 在各年龄段的科学活动区中，如何投放材料满足幼儿的探索需求？如何通过创设环境营造探究科学的氛围？

2. 如何设计科学活动区的记录表，让幼儿记录下自己的探究历程？

（上海市浦东新区张江经典幼儿园 张肖芹）

3. 在音符的世界中遨游
——音乐区环境创设

陈鹤琴曾说：音乐是儿童的天性、儿童的本能，音乐在儿童生活中极其重要。因此，我们应该注重创设音乐活动区环境，培养幼儿对音乐的兴趣，让幼儿自然地接触音乐，大胆表达，使每个幼儿的音乐潜能得到全面地开发。

一、音乐活动区整体色彩和谐统一

对幼儿来说，环境是会说话的，当他们走进音乐活动区时，首先能感受到色彩对心理产生的影响——是温馨的、浪漫的，还是烦躁的、冷淡的。色彩切忌杂乱无章，因为儿童时期的心理印象会影响人的一生，因此音乐活动区的色彩尤为重要。

音乐活动区的整体色彩需要和谐统一。例如，我们可以将清爽的蓝色作为音乐活动区的主色调，配合较少的黄色装饰，给幼儿清爽、明快、欢乐的感觉。

二、音乐活动区域划分合理、有效

音乐活动区域可以划分成一个个自由的游戏空间，如动手创造吧、节奏地带、点点木偶剧场、小舞台和化妆间等，让幼儿自由选择、自由游戏。教师可根据班级需要进行选择。

1. 动手创作吧

在亲手制作乐器的过程中，幼儿开动脑筋，探索各种乐器的使用方

法和制作方法，感受音乐的美妙，体验成功的
乐趣。

我们提供各种各样的半成品乐器、半成品材
料及废旧材料，让幼儿尽情游戏。通过探索，幼
儿自制了很多乐器，例如：将各种豆子灌装在塑
料瓶中，制作"会唱歌的瓶宝宝"；用筷子敲打
锅盖、桶、塑料瓶等，发出各种各样的声音，体
验不同的乐感。

图1

2. 节奏地带

节奏是音乐的基础，也是音乐的生命。幼儿天生好动，手脚总闲不
住，结合这一特点，我们在"节奏地带"提供了各种打击乐器，让幼儿
敲敲打打，进行乐器演奏，加深幼儿对节奏的掌握，激发他们学习音乐
的兴趣和积极性。

我们关注到不同年龄段的幼儿在"节奏地带"中的游戏能力有所区
别，因此区域中的材料要适合各年龄段的幼儿。例如"会唱歌的小鸡"
音乐图谱，这个材料不仅有趣、新颖，还能让幼儿用不同的身体部位及
乐器来敲打节奏，练习节拍（一拍、空拍和半拍）。图谱中每个鸡蛋壳中
一只小鸡代表一拍，空蛋壳代表空拍，蛋壳中两只小鸡代表两个半拍。
在游戏材料的设计中，考虑到幼儿的层次，图谱中的小鸡是可以自由组
合的，小班幼儿可以请老师组合简单的节奏型，中、大班幼儿可以组合
复杂的节奏型，幼儿也可以自由组合，挑战难度。

图2

图3

3. 点点木偶剧场

木偶剧是幼儿喜爱的活动之一，只要制作一个木偶表演台，投放各式各样的木偶，他们就会自由选择，绘声绘色地表演。

我们利用屏风与KT板搭建了生动形象的木偶剧场，并取名为"点点木偶剧场"，在旁边的架子上摆放可爱的动物手偶，幼儿带上动物手偶躲在屏风后面，举起小手，露出手偶，快乐地表演学来的各种故事。在实践中，我们发现小班幼儿对玩手偶很感兴趣，举着木偶就可以唱歌、跳舞、讲故事；中班幼儿会用木偶表现部分角色和剧情；大班幼儿能逐渐分角色合作表演木偶剧。

图 4

4. 明星小舞台和化妆间

创设一个良好的表演区环境，能为幼儿表演潜能的开发奠定基础，能使幼儿在浓厚的音乐氛围中逐渐听懂音乐、理解音乐、表演音乐。

图 5

图 6

在化妆间，可以投放一些生活中的实物，如头饰、纱巾、服装、扇子、雨伞等道具，并利用这些材料创设一个新颖美观的表演舞台，激发幼儿的表演欲望。在化妆间中幼儿可根据角色的需要打扮自己，为接下来在小舞台上的表演做好充分的准备。在小舞台上，幼儿俨然成为了小明星，他们可以自由地穿上各种动物服装表演森林里的故事，也可以穿上民族服装，拿上扇子表演优美的舞蹈。

图7

音乐活动区环境的创设应服务于幼儿，让幼儿得到充分的展现。因此，音乐活动区更应注重让幼儿主动、活泼、自主地展开游戏，表达自己对音乐的独特见解。通过活动幼儿可以尽情地歌唱、表演、游戏，在音乐氛围中感受音乐、创造音乐，在音乐的世界中快乐成长。

延伸与讨论

1. 音乐区的材料投放如何考虑不同年龄班的特点？如何体现同一年龄班的层次性？

2. 环境创设和材料投放对音乐游戏的有效开展有何作用？

（上海市浦东新区张江经典幼儿园　林岑燕）

4. 离田野更近
——自然角环境创设

自然角是幼儿了解自然知识的一个窗口，是探索自然规律的有利场所，它能帮助幼儿亲近自然，关注周围环境，并在实施过程中提高幼儿的观察能力、记录能力、自主学习能力、动手操作能力，使幼儿的综合能力得到有效发展。

一、因地制宜，划分不同区域

要让自然角真正成为幼儿亲近自然、了解自然的一个窗口，教师在创设自然角的时候就要选择适宜的位置。选择自然角位置的时候教师要考虑以下几点：是否有充足的阳光，是否便于幼儿观察、照顾、做记录。我们都知道，植物的生长离不开阳光。因此，教室的阳台是自然角的首选区域，此外，也可以利用教室的走廊或教室门口的空旷区域，幼儿每天一进教室第一眼见到的就是自然角，便会自觉地参与到照顾植物的行动中去。

图1

图2

为了更好地管理自然角，教师在创设自然角的时候应该提前规划，可将自然角分为土培区、沙培区、水培区以及动物饲养角等区域，不同区域的植物可以集中在一起。因此自然角内比较适合摆放阶梯式的架子，教师在放置材料的时候可分层次、分类别摆放，看上去比较美观。种植的盆子提倡废物利用，例如塑料瓶、酸奶杯、冰淇淋盒等，安全不易碎。

二、根据季节变化，投放多样化的材料

教师可以借助四季变化指导幼儿通过多种途径、多种感官去感知动植物的形态构造、生活习性及生长发育过程，了解物与物、人与物的密切关系，满足好奇心、求知欲。

春天可以在自然角里投放种植类材料，例如绿豆、红豆、土豆等发芽类植物，让幼儿了解种子的发芽过程；还可以投放标本类的材料，开阔幼儿的视野；在秋天丰收的季节，我们可以在自然角里投放"果实娃娃"——在果实上粘贴五官，制成"果实娃娃"，例如苹果娃娃、南瓜娃娃，并将它们摆放到自

图3

然角，供大家欣赏；还可以根据幼儿的兴趣投放一些干果，如核桃、桂圆、荔枝，提高幼儿的认知能力；幼儿对小动物情有独钟，我们也可以在自然角里增加饲养区来饲养一些小动物，例如泥鳅、金鱼、小乌龟等，还可以根据季节特点增加小蝌蚪、蚕宝宝等动物，让幼儿了解各种动物不同的生存方式，培养幼儿对小动物的喜爱之情。

三、根据幼儿年龄特点，确定不同的指导重点

不同年龄段的幼儿观察的侧重点是不同的。小班幼儿主要是通过看一看了解植物的生长；中班幼儿通过想一想、比一比、记一记，了解不同生长环境中植物的变化；大班幼儿则是通过自己想一想、猜一猜、试一试的方法去发现植物更多的秘密。

例如，种子发芽就是自然角中最常见的内容。小班教师可以引导幼儿观察各类种子发芽的过程，比较不同种子的发芽速度有何不同，发出的嫩芽有何不同；中班教师可以让幼儿观察、比较同一种子在不同的条件下（完全浸在水中、恰巧在水面上或没有接触到水）的不同变化，让幼儿了解植物的生长离不

图4

开水；大班教师可以引导幼儿发现同样的三粒种子在不同的环境下（一粒种子外面套上一个封闭的箱子，一粒种子外面套上挖有小洞的箱子，一粒种子完全暴露在外面）产生的不同变化，了解植物的向光性。

四、注重获取幼儿的信息，共同管理自然角

在创设自然角的过程中，教师要注意获取来自幼儿的信息。在创设自然角的时候要尊重幼儿的想法，事先与他们讨论可以在自然角中投放什么材料，让他们从家中自带一种材料放在自然角。幼儿会带来各种不同的材料：有的带来了种子种在土里；有的带来了萝卜、洋葱放在水里养；有的带来了小动物饲养。因为是自己带来的，所以他们每天都会主动到自然角照看，细心呵护它们的成长。教师可以在自然角添加观察记录本，让幼儿每天记录种子发芽情况、小动物生长情况，例如小蝌蚪生长记、土豆发芽记、豆宝宝成长记等。记录活动为幼儿与自然角的互动提供了更多的机会，发挥了幼儿的主动性，使自然角的管理更加有效。

图5

图6

　　幼儿天生对大自然充满好奇心，幼儿园的自然角改善了幼儿难以接触大自然的现状，为幼儿自由、随时地观察和探索提供了可能。因此，教师要追随幼儿，及时投放不同材料并有效管理，让自然角成为幼儿的伙伴，让幼儿在参与自然角管理中获得更多经验，在这方绿色天地中获得更多的欢乐和知识。

延伸与讨论

　　1. 你的自然角环境创设有何特色？又有何需要改进的地方？
　　2. 如果是农村幼儿园，应如何利用得天独厚的条件创设自然角？如果是城市幼儿园，又该如何利用自然角满足幼儿亲近自然的天性？

（上海市浦东新区张江经典幼儿园　周晓燕）

5. 享受阅读的快乐
——图书室环境创设

　　图书室是幼儿园配套设施中不可缺少的一部分，如何合理地设计图书室，最大限度地发挥其作用，激发幼儿阅读的兴趣，提高阅读能力，让图书室成为陪伴幼儿快乐成长的殿堂，这是值得我们深思的。

一、设计适宜的物质环境，营造良好的读书氛围

1. 图书室位置的选择

　　理想的图书室应该具备四个基本条件，即安静、光线充足、在幼儿视线范围内和空间适宜。幼儿在阅读时需要安静的环境，所以嘈杂的区域附近不适合设置图书室。一般来说，光线充足的地方比较适合设置图书室。可以用自然光和荧光灯作为光源。图书室的照明要能满足幼儿查看书脊和封面上的书名，便于幼儿从书架上取阅。

图1

　　为了吸引幼儿，最好把图书室设置在幼儿经常经过的区域，这样能够唤起他们对以往阅读过程的美好回忆，促使他们更愿意进入图书室阅读。

2. 图书室材料的投放

- 座位

为幼儿提供各种舒适的坐椅或坐垫，例如舒适的小椅子、柔软的地毯块或枕头。舒适的座位可让幼儿产生像在家中阅读一样的感觉，从而吸引更多的幼儿进入图书室阅读。

要为幼儿提供一个放书的桌子，让他们可以在上面放松地翻阅，这样有利于幼儿阅读习惯的养成。准备高低合适的小书桌，有利于培养幼儿正确的坐姿和看书的姿势，桌椅的摆放以方便阅读为宜。

图2　　　　　　　　　　　图3

- 书架

图书室可根据需要摆放各种类型的儿童书架和储物柜来陈列、储存图书。书架最好摆放在边界处，起到分割区域的作用。书的种类应该丰富多样，数量充足，满足幼儿更换和交流的需要。同时书架的高矮也要以方便幼儿取放图书为宜。

- 辅助材料

图书室还要配备一些辅助材料，例如：图书室登记册，它可以记录幼儿进入图书室阅读的次数、时间、所阅读的图书等信息；故事磁带，可供幼儿听故事、儿歌；手偶或毛绒玩具，可供幼儿进行故事表演；纸和笔，可供幼儿涂画、书写用。图书之外的其他文字材料，例如书单、文

图4

字标识等，可以增强幼儿对文字的敏感性。

二、布局合理的阅读区域，满足幼儿阅读兴趣

1. 自由阅读区

在图书室，为了满足幼儿自主阅读以及分享的需要，可创设自主阅读区。在这里幼儿可以自己选择图书，并自主决定是自己阅读还是与同伴一起分享。在这里投放一些舒适的小沙发、小垫子，供幼儿随意选择。宽松的环境能让幼儿觉得阅读是一件非常愉快的事情，有利于激发幼儿的阅读兴趣。

图 5

自由阅读区提供的书籍还应考虑到不同年龄段孩子的阅读水平，可以用一些标记加以区分和推荐。例如，推荐小班幼儿阅读的图书可以用红色的小熊，中班以及大班可以用其他颜色的小熊进行区分。这样，幼儿能更容易地找到适宜自己阅读的书籍，成人在指导、观察时也能更有针对性。

2. 亲子阅读

亲子阅读越来越受家长重视，因此在图书室创设中，可以创设固定的亲子阅读区，鼓励家长当义工，参与到图书室的管理中。例如，每个学期我们都会邀请一部分家长在每周二、三担任"故事妈妈"，为孩子讲故事。

图6 图7

3. 育儿咨询区

在图书室为家长提供教育刊物和育儿书籍，供家长浏览和借阅，既能为家长去书店寻找这类书籍节省时间，又能从专业的角度为家长提供真正有益的帮助，引导家长学习教育知识，更新教育观念，提高家庭教育水平。

4. 图书修补区

图书在阅读的过程中会有损耗，为了让幼儿养成爱惜书本的习惯，可以在图书室创设专门的图书修补区，例如"图书医院"。"图书医院"里提供了剪刀、记号笔、蜡笔、透明胶带、双面胶等材料。在图书室里，教师可以和幼儿一起分析图书毁损的情况，以及为它们"医治"的不同办法，讨论应该怎样爱护图书。还可以请幼儿到图书角担任"图书小卫士"，负责图书的摆放与整理，并及时将"受伤"的图书送到"图书医院"里会诊。

图8

总之，要发挥图书室真正的教育功效，就要丰富图书室环境，合理布局图书室各个区域，并以图书室为载体举行丰富多彩的活动，让幼儿、家长、教师都成为图书室的主人，共同参与图书室的管理和建设，共同构建富有生命力的图书室，让图书室成为伴随孩子快乐成长的摇篮。

　　如果你所在幼儿园已有图书室（角），请介绍你们图书室（角）的创设情况；如果还没有专门的图书室（角），请制定一个设计方案，重点包括图书室（角）的位置、环境布置、图书选择以及使用规则、指导方法等。

（上海市浦东新区张江经典幼儿园　周　英）

6. 这里真好玩

——小班游戏环境创设

3~4岁的小班幼儿以无意注意为主，思维的直觉行动性很强，在游戏活动中其思维离不开具体的材料和具体环境的刺激。因此在环境创设时，既要考虑幼儿的年龄特点，又要兼顾个体差异，材料要丰富有趣，具有整合性，做到有目的、有计划、有层次。

一、材料色彩鲜艳，环境温馨舒适

孩子们在幼儿时期就具有审美能力，尤其是小班的孩子，他们很容易被色彩艳丽的材料所吸引，进而激发游戏的愿望。因此投放的材料要美观，能吸引他们去摆弄、操作，让幼儿在游戏过程中有美的感受。在"娃娃家"中，教师把漂亮的插花放在梳妆台上，在客厅铺上厚实的泡沫地毯，放置温暖而舒适

图1

的坐垫。"娃娃家"的格局要符合幼儿的生活经验，卧室与客厅、厨房与卫生间要隔离，摆设要参照真实场景，让幼儿在游戏中有一种回到家的感觉，不仅感到安全，同时又体验了快乐。

二、形象的标志有助于稳定幼儿的角色意识

小班幼儿在游戏过程中最突出的表现就是角色意识不稳定，随心

所欲地变换角色，有的甚至还没有形成初步的角色概念。为了帮助幼儿认识自己在游戏中所承担的角色，教师可以根据每个主题的内容制作形象的标志。如在"幸运猪"的家里，在围兜上贴上猪爸爸、猪妈妈和猪宝宝的形象；在"聪明兔"的家里，戴领带装扮爸爸、围围巾装扮妈妈、戴眼镜装扮奶奶、戴帽子装扮爷爷、别上奶嘴做宝宝。这些具有代表性的形象的标志，既能帮助幼儿理解自己的角色，又能稳定他们的角色意识。在游戏开始时，宝宝们会先选择自己想扮演的角色，这种选择的过程其实也是孩子们思考的过程，有了思维的撞击，孩子们才会更明白自己的角色。

图2　　　　　　　　　　　　图3

三、有层次性的游戏材料使幼儿在适宜的环境中获得发展

幼儿与幼儿之间是有差别的，发展的速度是不一样的。因此，创设游戏环境时既要考虑发展快的幼儿，也要考虑发展慢的幼儿，还要兼顾有特殊需要的幼儿。例如："理发店"中投放的洗发精瓶盖子有不同的开启方法；围兜有不同的系法，有揿钮的，有纽扣的，还有雌雄扣的，使每个幼儿都能在适宜的环境中获得发展。

四、开发材料的潜在价值，体现整合性

自主性游戏对孩子积极的情感体验、与同伴的交往、语言能力的提高、社会性发展等都具有不可估量的教育价值。我们可以把游戏环境假

设成一个社会性的学习情境，借助提供的游戏材料，使一些枯燥的认知内容、乏味的动作练习等巧妙地转化为游戏本身的内容和规则。例如，在鲜花店中孩子们除了用各种方法制作花朵外，还增加了买卖鲜花的游戏情境，区域之间的流动加强了，孩子们的交往能力也得到了提升。

图 4

1. 整合生活的元素

小班幼儿的肌肉动作发展还未完善，生活自理能力差，因此在游戏环境的创设中可以提供一些精细动作的操作材料，让幼儿在有趣的情境

图 5

中动手夹一夹、挂一挂、理一理、盖一盖，激发幼儿的尝试愿望，也让幼儿在操作中获得成功的体验。在"娃娃家"中，通过洗衣机、晾衣架等环境的创设，孩子们可以在逼真的情境中洗晒衣服、折叠衣服，他们的小手渐渐地变灵巧了，自理能力也得到了明显的提高。

2. 整合认知的元素

自主性的游戏环境是开放的、非正式的、结构松弛的，幼儿可以在一个相对稳定的游戏区域内自主地活动，教师可以将一些区域游戏中所涉及的认知元素渗透到环境中，充分开发材料的潜在价值。在"聪明兔"的家里，提供各种颜色、形状的珠子以及图示，让幼儿给妈妈串出项链；在"超市"里，让幼儿通过价格标签认识数字，并在收银箱里投放相应的雪花片。

综上所述，在自主性游戏环境的创设过程中，我们要以幼儿的年龄特征为首要依据，合理投放材料，创设全方位、多角度的环境，使幼儿真正成为游戏的主人,从而有效促进身心和谐发展。

　　1. 游戏源于生活,你认为还有哪些生活元素可以融合到小班幼儿的游戏中?

　　2. 小班幼儿的年龄特点决定了他们的游戏以平行游戏为主,你是如何创设环境鼓励小班幼儿与同伴交往的?请举例说明。

(上海市浦东新区锦绣博文幼儿园　徐　婷)

7. 活动室里的大千世界
——大班角色游戏环境创设

　　大班幼儿处于幼小衔接的重要阶段，有效培养幼儿的社会性将有助于幼儿情感、心智以及行为技能的健康发展，使其顺利地适应小学集体生活。通过创设有效的角色游戏环境，提供合适的游戏材料，帮助大班幼儿在"小社会"中会玩、爱玩、一起玩，提高大班幼儿的交往能力，从而使幼儿优化自身素质，健康成长。

一、充分尊重幼儿需求

　　第一，角色游戏的内容和形式要契合大班幼儿的情感发展需求。大班幼儿的自主意识有了进一步发展，因此在创设游戏环境之前，可以与幼儿共同协商，充分听取意见，选择幼儿共同感兴趣且具有一定生活经验的游戏内容进行创设。例如，在大班"我自己"主题中，教师和幼儿共同商量创设了"体检中心"的游戏情境，幼儿可以利用游戏材料进行多人合作，进行角色分工（咨询处、挂号、药剂师、医生），为病人检查、治病、量身高体重、测视力听力等。

　　第二，角色游戏的环境创设应满足大班幼儿的能力发展需求。在大班角色游戏材料提供上，应投放较少的形象玩具和丰富的非结构材料，引发幼儿的自主性和创造性，师生在游戏开展中逐步增补、完善角色游戏和材料。游戏材料的数量不宜过多，提供适量的游戏材料，可以让多名幼儿有机会作用于同一游戏材料，并通过相互协商、合作等方式共同参与游戏。例如，在"有用的植物"主题背景下创设的"健康食府"中，教师请幼儿将生活中了解的养生食物用绘画的方式进行记录，并用一个关键词介绍该食物，还请幼儿尝试设计套餐，从主食、荤菜、蔬菜、汤四个方面进行配菜，帮助幼儿把自己的生活经验迁移到角色游戏中。

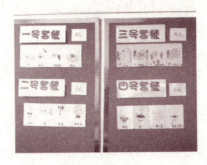 

图1　　　　　　　　　　　　　　　图2

二、合理布局游戏区域

教师可以预留一定的空间作为"无固定区域"，生成幼儿感兴趣的新游戏内容与情节，创造主动的游戏环境，激发幼儿的主动性、独立性、创造性的发展。教师可以提供一些块毯、低结构材料供幼儿自主取用。

游戏空间的大小、密度以及游戏场地的结构特征等，会对游戏产生重要影响。因此在空间利用方面，教师可以充分利用墙面、柜面、地面等创设立体的游戏环境及游戏区域。在一日活动中，教室的格局往往随着活动环节的变化而调整，部分游戏材料平时收纳起来，在游戏开场时，教师可以请大班幼儿将一些隔断材料、较轻的橱柜、游戏材料摆到相应的位置，让幼儿参与到区域布局中。

三、游戏材料的动态提供

幼儿呈现出的游戏行为和水平随着游戏的开展时间以及深入程度而发生变化，大班幼儿游戏水平的提升较慢，中班幼儿游戏水平的提升较快，因此在游戏材料的提供上要体现出动态变化，以满足幼儿的需要。幼儿有了感兴趣的材料，才会在与材料的互动中不断发现问题，从而积极寻求解决问题的办法。例如，在"我要上小学"主题背景下的"小课

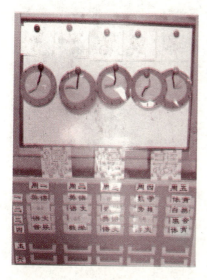

堂"游戏中，幼儿在最初阶段满足于做小老师，给"学生"出题目，读学过的儿歌。随着游戏的深入，幼儿想到了"小课堂"需要课程表、竞选班干部的版面、班级公约、小老师上课用的教具等。

图3　　　　　　　　　　　　图4

　　大班幼儿的思维逐步向抽象化方向发展，因此在游戏中经常会出现用语言和动作来替代物体的行为。在大班幼儿的角色游戏中，教师需要多提供低结构材料，便于幼儿根据自己的意愿和兴趣寻找材料表现主题和情节。此外，教师还可以多提供一些能发挥幼儿创造能力的半成品及废旧材料。例如，在"材料架"中，既有能让幼儿合作制作的游戏材料，又有各种废旧纸盒、彩泥、剪刀、双面胶、水彩笔等，让幼儿根据生活经验制作替代物，或是根据游戏情节自主补充游戏材料。

图5

四、注重环境的隐性作用

　　环境不但应该给幼儿美的熏陶，而且要能吸引幼儿与之互动并富有教育意义。在环境创设中，可以将游戏中抓拍到的一些幼儿协商、分享的照片装饰、布置在区域中，暗示幼儿和朋友一起游戏、合作。大班幼儿处于前阅读阶段，且大班幼儿的规则意识逐步形成，他们开始学习控制自己的行为，遵守一些共同的集体规则。因此，经过讨论确定的游戏规则、玩法可以是显性的，利用墙面、桌面等适当提供一些图配文的图片，提示幼儿玩法、规则，培养幼儿看图示的习惯。此外，教师可以在每个游戏区域创设醒目的招

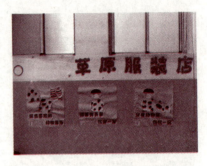

图 6

牌和标志，并在该区域门口提供服装、胸卡等角色标识，帮助幼儿明确自己的角色身份与职能。

　　创设有效的角色游戏环境，不仅可以让大班幼儿多层面地体验人际关系，了解自己的角色，形成自我意识、自我概念，还可以让幼儿在与同伴的交往中，更好地相互学习并吸收同伴的经验。

延伸与讨论

　　作为幼儿园最大的一个年龄班，其角色游戏有何特点？在材料、场景、环境提供与创设方面有何具体的做法与要求？请结合工作实际，举例说明并与同伴分享、交流。

（上海市浦东新区冰厂田幼儿园　王旦丹）

8. 百变小屋子
——中班游戏环境创设方案

游戏环境该如何动态发展？当前主题环境如何在前一主题环境的基础上做"加减法"，进行切换、补充和改变？

下面以"小屋子"（将纸箱切割成房子造型，开两扇窗，开一扇能左右打开的门）为例加以说明。

主题切换："迎新"主题——"幼儿园里朋友多"主题

因为是刚开学，所以环境创设中突显较多的是"迎新"内容。之后，预设的主题便是"幼儿园里朋友多"。

图1 图2

- 最初的设想：小屋子既是材料，也是一个小的私密空间，投放在教室一角，可以让幼儿联想到在家里的游戏行为；假期刚过，孩子们之间有许多新鲜话题，他们每天都会有聊天需求，希望小屋子能带来一丝的宁静或私密。

• 孩子的行为：非常喜欢小屋子——喜欢坐在里面聊天；喜欢打开窗户，看窗外的世界；喜欢开门关门，模拟家人进进出出的情景。

• 跟进的环境变化：在原生态小屋的基础上，添加色彩，用鲜艳的水彩在屋顶画出彩虹的样子，写上"好朋友聊吧"，里面还增加一张柔软的沙发、一部可以拨打的电话。环境的变化，自然地将幼儿的兴趣从"迎新"引入"幼儿园里朋友多"的新主题。

主题切换："幼儿园里朋友多"主题——"周围的人"主题

• 切换前分析：在"周围的人"主题中，孩子们需要通过与环境及材料的互动来了解不同的职业及其与生活的关系。而"小屋子"依然是孩子们认识周围世界、认识周围人的窗口。

• 跟进的环境变化：将原有标题改为"小舞台"，"小屋子"里有孩子们熟悉的职业服装和常见的职业工具，例如警察的帽子与哨子、医生的白大褂、厨师的帽子、邮递员的背包与报纸等。另外，"小屋子"底下有两个小滑轮，幼儿可以根据情节、情境需要来移动"小屋子"。

图3

• 孩子的行为：识字的幼儿很快就会发现环境的变化，会迫不及待地拉上好朋友到其中打探究竟。当孩子们发现里面有各种职业服装及扮演道具时，环境可能会告诉他们——你认识这些服装吗？我们周围的人谁穿这些服装？孩子们自由猜想，自主探索，"小舞台"俨然成了孩子们体验与周围人交往的小社会。

主题切换："周围的人"主题——"春天来了"主题

• 切换前分析：随着花开草绿，春天已经悄然到来。初看这两个主题，似乎不太相关。但是孩子们热衷于表达，表现出的兴趣和积极性告诉我们，"小舞台"的环境一定能够变得更加巧妙。在"春天来了"主题中，优美的意境、好听的故事或歌曲是孩子们愿意去表达、表现的。与此同时，我还进一步思考：不同的表演内容对环境的需求是不一样的，我还应有哪些作为呢？

● 跟进的环境变化：逐渐减少"小舞台"中人物的服装与道具，增加"春天来了"主题中适合幼儿表演的服装或道具；同时，将原先开窗的部位用充满春天气息的绿色幕布遮挡，上面点缀一些花草，变成适合木偶表演的神秘小舞台，字幕改成"春天奏鸣曲"。

图4

● 孩子的行为：对色彩异常敏感的孩子发现了环境的改变，话题也随之产生——"我知道，新主题开始了！""我认识字的，上面写的是'春天奏鸣曲'！""为什么要把下面遮挡起来呀？""一定是表演木偶用的，我们看过的，表演的人头是不能露出来的，很辛苦"……讨论之后，孩子们分头寻找或制作游戏的材料，用吊着夹子的长棍（上面有图片）进行表演。他们非常喜欢神秘地躲藏在幕布后面，并且能够为了表演而坚持不露出脑袋，真是了不起！

环境巧创设的感悟

● 看似不经意的创设，实为有意识的变化。环境是"隐性的课程"，在教师看来不经意间变化的环境，对幼儿来说却是建构主题经验、丰富社会性情感的媒介，同时也显现了教师对幼儿的了解。

● 环境创设可以渐进，依据源于孩子所需。通过观察幼儿在活动中的表现，教师应适当地调整材料的功能。根据本班幼儿的兴趣点、主题要求以及最近发展区，教师适当地改变相关的材料布局，从而达到让幼儿与环境共同成长的效果。

● 小变化后的大收效。当孩子们穿着"警察"的服装，把"小屋子"移到教室中间，口中吹着哨子，模仿警察叔叔指挥交通的时候，我深深地感悟到：只要老师用心，环境的动态发展是可以化繁为简的，甚至可以大有收获。

● 环境与材料相辅相成。在"小舞台"的职业扮演中，幼儿扮演周围人的兴趣不断高涨。游戏中呈现出环境、材料、孩子的游戏行为都在动态发展，每个孩子都得到了非常大的满足。

● 巧用色彩的视觉冲击。环境的立体化符合中班幼儿的年龄特点，环境要在视觉上先声夺人，给孩子强烈的冲击效果，有利于激发幼儿的创造力和表现的欲望。

总之，主题环境创设中要体现环境与幼儿的互动性，材料作为环境的支撑，更需要体现丰富性与层次性。因此，要开发材料的一物多用功能，力求最大限度地利用材料；使材料本身发生变化，更好地赋予环境与材料暗示性、互动性的功能。

延伸与讨论

1. 对于同一个材料或区域内容，你是否经过调整使之成为新的游戏材料或区域？

2. 孩子们对于调整过的环境喜欢吗？材料是否提示幼儿如何进行游戏？

3. 在"娃娃家"主题中有纸盒做的梳妆台，在其他主题中能否一物多用呢？（请举例）

（上海市浦东新区冰厂田幼儿园　俞　静）

9. 幼儿园里朋友多
——中班主题环境创设方案

"幼儿园里朋友多"是中班主题，此主题的核心是关注同伴，乐于与同伴友好交往，体验与老师、同伴共处的快乐。对于中班孩子来说，引导他们去关心周围的朋友，体会到"朋友"的含义，教师需要通过生活中的点点滴滴进行培养。循着这个大方向，我们以中班孩子的生活经验、认知经验以及"幼儿园里朋友多"主题的内容为依据，创设了以下游戏区域。

一、游戏名称：生日派对

1. 材料提供

可替换的每个月份的日历、写有幼儿生日的名片、幼儿照片、生日蛋糕插牌。其中，3月和4月为不完整的日历。

图1

2. 玩法介绍

● 按照已给出的日历天数，填满月份日历。

● 根据幼儿的名片，寻找每个月过生日的伙伴，将伙伴的照片插入对应的日历中。

3. 创设意图

● 幼儿根据数字的前后关系填满日历，了解数序。

- 了解每个月份的不同天数。
- 了解和关心同伴的生日，在寻找和对应的过程中关注好朋友的生日。

二、游戏名称：朋友信箱

1. 材料提供

信箱（信箱门上放置透明塑料片可插入照片）、钥匙及锁（有配对图案提供线索）。

图 2

2. 玩法介绍

- 幼儿只要看到信箱门上有自己的照片，就可以寻找相应的钥匙取出礼物。
- 信箱内可以是幼儿送给快要过生日的伙伴或者因为生病很久没有上学的同伴的一些自己制作的小卡片、小礼品，也可以是老师给最近进步比较大的孩子的奖励或鼓励的话。

3. 设计意图

- 运用这种方式使幼儿学会关心同伴、爱护同伴，关注班里很久没有上学的同伴，并给予关心。
- 根据图片寻找开锁钥匙，了解图片所表达的对应关系（如动物与动物喜欢的食物形成图片对应关系）。

三、游戏名称：打电话

1. 材料提供

幼儿自制名片、插入式的电话纸、数点卡、手机、电话机。

2. 玩法介绍

● 幼儿可根据名片上同伴的电话号码往伙伴家打电话。

● 根据同伴的电话号码将点数一一对应地插入电话纸，并用此电话给同伴打电话。

图 3

3. 创设意图

● 了解朋友的家庭电话号码。

● 了解数字与点数之间的对应关系。

四、游戏名称：比高矮

1. 材料提供

自制量身高的长颈鹿操作底板、带学号的幼儿全身照片、记录纸。（涉及的记录信息包含：选择的朋友、最高的朋友、最爱的朋友）

2. 玩法介绍

随意选取伙伴中的五位来比高矮，将结果记录在记录纸上。

图 4

3. 创设意图

● 学会比高矮的多种方法，并且能够从矮到高（或从高到矮）给朋友排队。

● 学习看记录表并清晰地记录结果。

五、游戏名称：我的朋友多

1. 材料提供

画了一半的各种脸谱（大的和小的、简单的和较难的）。

图5

2. 玩法介绍

将脸谱填充完整。

3. 创设意图

- 了解图形的左右对称。
- 在较大的手工纸上画画，培养幼儿连贯的笔触。

六、游戏名称：画朋友

1. 材料提供

各种颜料、小棉签、抹布、台布、袖套。

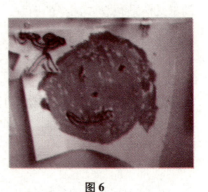

图6

2. 玩法介绍

用棉签点画的方式来帮朋友画肖像。

3. 创设意图

马蒂斯的肖像画给孩子们强烈的视觉冲击，通过名画欣赏以及材料提供鼓励幼儿尝试新的艺术表现方式。

七、游戏名称：为朋友设计发型

1. 材料提供

绒线、各种废旧材料（如即时贴、手工纸等）、可替换照片的卡纸背景、幼儿免冠照片。

2. 玩法介绍

运用各种材料为朋友设计新的发型。

3. 创设意图

对于同伴幼儿会有恶作剧、开玩笑的想法，把他们的这种想法通过为朋友设计夸张搞怪的发型表现出来。

图7

八、游戏名称：连体小人

1. 材料提供

自制步骤图。

2. 玩法介绍

可按照步骤图制作各种表情的连体小人。

3. 创设意图

通过对步骤图的理解、掌握，鼓励幼儿举一反三，制作出更长的连体小人。

图8

延伸与讨论

结合工作经验，谈谈你在主题环境创设中一些好的做法及案例，与同伴交流、分享。

（上海市浦东新区冰厂田幼儿园　蔡春燕　朱　韵）

延伸与讨论指南

● 关键词：美工区（1. 美上加美——美工区环境创设）

美工区是让幼儿感受、体验、表现美的区域，环境布置要遵循美的标准；美的环境能让孩子们感受到美的熏陶，但并不是模仿的需要，美在于创造；为孩子们提供表现、创造美的环境和材料，如各种纸张、颜料、画笔、彩泥要配备齐全；在氛围上，要鼓励幼儿创造和想象。

● 关键词：科学区（2. 激发主动的探究——科学区环境创设）

科学探究是基于材料的，要有不同的设备、材料和工具；材料当然不是一次投放的，应该是动态调整的；要为幼儿提出的新设想提供材料支持；要鼓励和支持幼儿对探究过程作记录，要为幼儿提供记录表或帮助幼儿设计记录表，记录表也是动态变化的。

● 关键词：音乐区（3. 在音符的世界中遨游——音乐区环境创设）

音乐是声音流动的艺术，是有节奏的艺术，环境布置要体现这种活泼、跳动的特征；各种适宜孩子的乐器、磁带以及其他有助于音乐表现的材料要齐全，也可利用自然物来表现音乐；要有适合演奏和表演的宽敞空间。

● 关键词：自然角（4. 离田野更近——自然角环境创设）

要根据实际情况设置自然角，在狭小的角落里合理规划、动态调整，并精心呵护；投放在自然角的材料要根据不同的季节确定不同的教育目标，要选择适宜不同年龄段幼儿的材料以及观察方式；家长和幼儿是提供自然材料的重要来源。

● 关键词：图书室（角）（5. 享受阅读的快乐——图书室环境创设）

图书室是一个安静的场所，要有舒适的靠垫或沙发等；图书选材合适，内容积极、健康、优美，定期补充、更换、调整；有阅读规则的提示或图示，例如"请安静"、"轻拿轻放"、"看后请放回原处"等，并设置在显眼位置；有自己动手修补、制作图书的专门区域和工具等。

● 关键词：游戏（6. 这里真好玩——小班游戏环境创设　7. 活动室里的大千世界——大班角色游戏环境创设　8. 百变小屋子——中班游戏环境创设方案）

游戏是孩子自由、自主、自在的活动，教师的主要作用就是适时指导和提供环境支持；游戏环境创设要考虑游戏的功能及孩子的年龄特征；场景及材料要符合孩子的兴趣，小班幼儿倾向于逼真性的成品材料，中、大班幼儿倾向于创造性的半成品、自然材料；各游戏区域的材料可互通有无，也可以鼓励孩子们寻求成人的帮助。

● 关键词：主题（9. 幼儿园里朋友多——中班主题环境创设方案）

主题与孩子的生活经验相吻合，环境创设能处处显示主题所反映的生活；结合主题，考虑材料的趣味性，凸显材料的层次性，满足不同幼儿的需求；主题需要持续一段时间，能否不断引发幼儿的兴趣，环境创设发挥着主要作用；可运用年级组资源事先讨论，群策群力，分享经验。

第四辑 运动环境

1. 全身动起来
——区域运动环境创设

区域体育运动是指利用幼儿园场地和器材，形成各个运动区域，让幼儿在良好的运动环境中自由结伴、自选内容、自主活动。只有提供相应的运动环境，才能激发幼儿的自主发展，才能使运动环境真正成为实现幼儿运动目标的有效手段。

一、合理利用，提供适宜的运动场地

城市幼儿园的体育运动场地绝大多数是以塑胶场地为主，它的柔韧性较好，可最大限度地减少幼儿在运动中发生各种意外。当然，其他材质的场地也有各自的优点。因此，我们要合理、巧妙地利用幼儿园现有的各种场地。

1. 硬场地（水泥地）

比较适合创设车类区，幼儿可以在上面自由地踩踏各种车辆。此外，狭长的水泥地又可以设置各种路况，有利于培养幼儿遵守交通规则的习惯。

图1

2. 软场地（塑胶场地）

比较适合创设平衡区、投掷区等。场地上放置几条长凳和平衡桥既稳固又安全，幼儿可以在上面行走前进，锻炼平衡能力。同时软场地具有良好的缓冲作用，对幼儿跳起投掷后的落地起到保护作用。

3. 草地

比较适合创设钻爬区、球类区等。可以在草地上放置一些钻网、软垫，创设一些比较有趣的情境。草地十分柔软，便于幼儿奔跑，尤其适合开展足球运动。

图 2

图 3

4. 自然条件的利用

● 小山坡：设计成野营区、负重区，幼儿可以身拖废旧的轮胎进行负重练习。

● 嬉水池：根据季节的不同做相应安排，例如，夏天注满水就是嬉水区，春秋两季将水排空设计成按摩区、拳击区等。

● 沙池：可以设计成沙滩排球区、跳跃区等。

● 围墙和栏杆：比较适合设计攀爬区，在围墙上悬挂高低不同的轮胎进行攀爬运动。

二、疏密有序，划分合理的活动区域

1. 区域划分

● 避免不同类型运动区域的互相干扰，保证各区域的正常活动。例如，球类区和车类区避免设置在相邻的区域，皮球会影响车类区的活动；投掷区需要相对独立的场地等。

● 设计通道路线，避免幼儿穿梭于其他区域而影响他人运动。幼儿在运动中常常会从一个场地到另外一个场地选择他们喜欢的运动，他们的通道路线是设置和划分场地时应考虑的。

● 区域之间的界限不要太明显，有联系的区域应相对集中。例如，投掷区和钻爬区相邻，幼儿可以在两个区域之间进行组合性的运动。

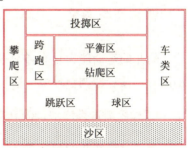

图4

2. 场地设置

● 场地大小的划分。例如，球类区活动空间要比其他区域的空间大，幼儿在这个区域中需要助跑踢球，需要相互抛接球，需要短距离的运球等；钻爬区设在运动器具周围，可采用占地面积小、移动方便的小型塑料圈和小型云梯形成上下空间的呼应。

● 不同空间的利用。利用幼儿园的铁栅栏悬挂高低不同的轮胎设置攀岩区，利用周边的天棚投放拳击袋，设立拳击区。

● 活动难度的设置。对于刚设立的和有难度的区域，可以设置得相对大些，满足更多的幼儿进行同一种运动。

三、丰富内容，创设动态的运动环境

1. 有趣的户外活动

可以利用幼儿园的现有空间，设计钻爬区、平衡区、跨跳区以及综合区等。在钻爬区投放"钻笼"、"铁丝网"等材料，在平衡区投放"轮胎山"、"椅子山"、"梅花桩"等材料，激发幼儿迎接挑战的欲望，促进幼儿不同运动能力的发展。

2. 有趣的室内运动

教师一般认为只有在下雨天才适合在室内开展运动。事实上，只要该游戏或运动项目适合在室内进行，教师就可以组织幼儿在室内开展运动。例如，小班幼儿的模仿性活动，中班幼儿的探索性运动，大班幼儿的创造性运动，还有一些比较简单的小肌肉运动也适合在室内进行。

四、动态调整，提高幼儿的运动能力

幼儿的运动能力是有差异的，教师可根据幼儿的年龄特点和现有运动能力，逐步地调整环境，适当增加运动难度，提高身体运动能力。

1. 循序渐进地增加运动难度

为了挑战幼儿的运动能力，教师应通过调整活动环境，丰富活动情境，逐步提高运动难度，帮助幼儿在不断调节、控制身体运动方式中顺利地进行身体活动。

2. 留有空间，鼓励幼儿自主创设

幼儿在与环境的互动中并不满足于教师的预设环境，而是会根据自己的意愿，去改变预设环境，创造出自己喜欢的活动环境，并以此为乐，玩得津津有味。这时，教师一定要及时观察到这种现象，及时调整环境和投放材料，鼓励幼儿的创造行为，支持幼儿的主动发展。

区域体育运动环境的创设给幼儿体育活动带来了无穷的魅力，使运动充满了新的活力。因此，教师要注重为幼儿提供探索运动的环境和机会，让幼儿通过探索、尝试以及运用自身已有的经验，不断寻求新的运动方式。

延伸与讨论

　　如何根据幼儿的年龄特征和能力水平创设适宜的运动区域？如何根据幼儿园的场地特点创设幼儿运动区域？请结合自己的工作，与同伴交流、分享。

（上海市浦东新区开心幼儿园　宋　萍）

2. 在情境中锻炼
——小班运动环境创设

　　情境化运动是指在某一活动区域创设特定的活动情境，使幼儿能根据情境内容，愉快地参与活动，并在活动中促进幼儿体质及各方面能力的发展。

　　我们根据小班幼儿的年龄特征，在创设户外运动环境时将其布置成一个个有趣的活动情境，将基本动作融入其中练习，以激发幼儿活动兴趣为目的，让幼儿在自然、自主、自信的环境和氛围中开展运动。在实践中，我们总结了以下几种方法。

一、情境体验法

　　建构主义理论强调真实情境的创设，并把情境创设看作幼儿掌握技能、形成能力的重要平台。所以，在运动环境的创设中，教师要充分创设情境，让幼儿在情境中运动，体验运动带来的乐趣。

　　这里提供两种情境体验法。其一，贴近幼儿生活经验的情境体验法。例如，情境活动"小司机"训练平衡，看信号变换跑的速度以及上下坡的技能。一条车道由停车场、小山坡、小桥、红绿灯、终点站组成，幼儿手提纸箱小车，看着红绿灯的变化，学做合格"小司机"。此活动使幼儿懂得在现实生活中不能乱穿马路，要做一个自觉遵守交通规则的小公民。

图1

其二，围绕角色扮演的情境体验法。例如，根据小班幼儿爱模仿的特点，在钻爬区设计情境活动"小小运输队"、"青蛙闯关"等。在"青蛙闯关"的活动中，幼儿戴上头饰要穿越各种难度的"桥洞"，跳过"小荷叶"，避开"鳄鱼"，最后抓到害虫。幼儿学着叫一叫、跳一跳、说一说等，与游戏中的人物同喜同乐，以达到锻炼的效果。

图2

二、情境想象法

在探索性情境想象活动开展前，教师要以故事、儿歌等形式，通过活动情境去启发、引导幼儿发挥想象创编自己喜欢的情节，提高幼儿的想象能力和思维能力。例如，教师在操场上把平衡木、小脚丫、高低凳等摆放成一个活动环境，再以攀登架为大树（上面有果子），准备一些小猴子的头饰和自制水果放在树上，幼儿通过情境安排想象自己摘水果带回家。在这个活动环境中，幼儿通过实践、探索、想象创编出情节"小猴摘水果"，这样的运动趣味性很强。奶粉罐贴上彩条，变成了小狗喜欢的彩色滚筒，可爱的"狗宝宝"用脚踢、用头顶、用身体让罐子在地上滚起来。废旧的鞋盒贴上彩带，成为一辆小车，于是"猫妈妈们"拖着小车大步流星地送动物宝宝上幼儿园，还高兴地唱着："爸爸妈妈要上班，宝宝要上幼儿园。"

在情境中，幼儿锻炼了身体，进行着自我教育的体验。小山坡上，一只只憨态可掬的"熊宝宝"用力推着大球往返于山脚和山顶；沙坑中，"母鸡妈妈"忙个不停，踩在一个个罐子上仔细地寻找自己下的"蛋"……有趣的锻炼场景，让幼儿欢欣不已，在教师创设的新奇环境中，孩子们感受着运动的乐趣。

三、情境自主法

在情境式活动中，教师一般以玩伴的身份参与幼儿的自主活动，在活动中随机引导幼儿进行情境探索，并有意识地选择一些难度较高的小器械玩耍，创设轻松愉快的氛围，引起同伴的注意，激发幼儿自主探索的欲望。

教师在情境式体育活动中提供各种动物和人物的头饰及不同层次的小器械，例如，纸箱小车、背篓、小推车、飞镖、毛绒玩具等，幼儿可根据自己的爱好与需要拿一些小器械在生存区中构建活动环境。例如，幼儿在活动中通过自主探索以及在"玩伴"的引导下，创编出情境"救娃娃"，幼儿推着小车（车内放有皮球或者飞碟）翻过小桥，用飞碟打败"怪兽"后救出"娃娃"，并把"娃娃"放在小推车里送回家。

情境性活动环境更容易激发幼儿活动及交往。例如，在进行推小车活动时，如果教师能再提供一些玩具，让幼儿进行运送货物的活动，幼儿的兴趣会更高。因此，我们搜集了纸箱、竹竿等废旧物，制作运动玩具，创设相关情境，同时制作了标志牌，用照片等形式暗示规则等。平时，我们搜集各类体育游戏，用器材激发幼儿的运动兴趣，做到一物多玩，充分发挥玩具材料的作用。符合年龄特点的运动情境，每天都让幼儿高兴地来到幼儿园，快乐地投入到一个个有趣的场景中，幼儿们在运动中自娱自乐，快乐交往，从"被动运动"走向"主动运动"，身心得到了全面发展。

由此可见，游戏化运动情境创设是非常符合小班幼儿活泼好动、好模仿、以具体形象为主的年龄特征的，容易调动幼儿参与活动的积极性。

延伸与讨论

情境化运动环境与小班幼儿的年龄特征有何关系？你是否经常采用这种情境化的运动环境创设？请举出工作中的实例和同伴交流、分享。

（上海市浦东新区开心幼儿园　张黎超）

3. 运动乐翻天

——运动心理环境创设

运动心理环境是隐形的运动环境，包括健康愉快的运动氛围、宽松和谐的人际关系、积极向上的情感态度等。为幼儿创设自由、开放、宽松的心理环境，能使幼儿放松地参与活动，产生愉快的情绪体验，发展自主探索的能力，提高运动质量，从而达到在运动中主动发展的目的。

一、为幼儿营造愉快、健康的运动氛围

1. 情境的创设

根据幼儿的生理及心理特点，在为幼儿设计活动时要注重游戏化、情境化，强调在玩中学，在玩中得到发展。

教师要为幼儿创设自由、宽松的游戏氛围，使单调无聊的练习变得生动有趣，使幼儿心情愉快。例如，在练习走跑交替时，教师根据频率的快慢融入有趣的情节，蹲下身子学习小矮人慢慢走，张开双手变成小飞机快快跑；在练习投掷动作时，教师可以制作高矮不同的动物大嘴巴，让幼儿将手里的胡萝卜、苹果等一一扔到小动物的大嘴巴里，看谁扔得又多又准。

图1

120

2. 言语的鼓励

在运动中，教师要善于观察幼儿的一举一动，倾听幼儿的大胆想法，学会用赞赏的眼光看幼儿，鼓励他们积极、主动地表达自己的想法。当发现幼儿有胆怯、退缩行为时，教师要激发幼儿继续努力的信心，并且以同伴、参与者的身份进行隐性示范，让幼儿在与同伴共同游戏的过程中，消除紧张心理，培养克服困难的意志、品质。一些鼓励性的话语，如"不要放弃，再试试看"、"肯定能行的"、"哦，你很棒"等，都能让幼儿感到来自教师的肯定和鼓励，获得心理上的支持，从而提升在体育活动中的信心。

3. 音乐的选择

优美生动、节奏鲜明的音乐会让孩子感到精力充沛、情绪愉快；舒缓轻柔的音乐会让孩子身心放松。所以教师不仅要在节奏、速度和乐句、乐段上进行筛选，更要注重力度、风格与体育活动的配合。这样，音乐才能真正起到"中介"的作用。

例如，很多老师在早操音乐中喜欢选用徐怀钰的《向前冲》。为什么幼儿对这个早操百做不厌，中班、大班甚至小班的幼儿都很喜欢？这与这首歌曲本身的风格有很大的关系。歌曲非常活泼，令人振奋，加上动感旋律的"功效"，幼儿做操的积极性马上就被调动了起来。老师在设计动作时加重了拍点上的力度，并在适当的地方让幼儿喊出"嘿嘿"的语气词。这样一来，音乐和早操的动作风格就非常一致了，更起到了快乐运动、锻炼身体的作用。

二、为幼儿树立积极向上的运动形象

1. 精神面貌积极活跃

教师的情绪态度与能否带出高质量的体育活动有着密切的关系。在体育活动中，教师的最佳情绪应该是积极、活泼、充满朝气的，能调动活动气氛。

在体育活动开展前，教师应该把自己的精神状态调整到最佳点，以饱满的精神、良好的情绪出现在幼儿面前。在运动前以热情的微笑暗示幼儿"我们要开始运动了"，在运动中以支持的眼神鼓励幼儿"别怕，试一试吧"，在运动后以肯定的话语评价幼儿"你真棒"。教师的微笑、眼神、评价都能感染幼儿，给幼儿带来安全感。

2. 服饰得体大方

由于要常常和幼儿在一起运动，教师的穿着以宽松、舒适、适合运动为宜。例如，运动类服饰，既方便运动又富有活力，能更好地舒展动作，体现精神焕发的教师形象，激发幼儿和老师一起运动的积极性。

3. 动作有力到位

在运动时，教师往往是幼儿的一面镜子，教师的一举一动都是一种暗示和提醒。一名神采奕奕、动作充满力度的老师，她所带的幼儿在运动中一般都会充满活力；如果教师的动作绵软无力，其班内幼儿则会呈现一种懒散的运动状态。因此教师在动作演绎和示范时要规范、到位，帮助幼儿正确练习。

图 2

4. 组织策略更有效

大型体育玩具往往生动逼真，巧妙地将多种趣味性玩具组合在一起，形成独特的立体空间框架。这种空间定势在强烈吸引幼儿的同时，也往往由于高度、坡度等因素而造成幼儿的胆怯心理。对此，教师在组织过程中需要为幼儿制定一个递进式的游戏方案：按高度、坡度递进，先带领他们玩紧贴地面的区域，在具有初步经验后，玩中等高度的小型滑梯、荡船等。

在幼儿体育运动中，创设融洽、和谐、健康的心理环境有助于帮助幼儿在体育游戏中形成积极心态，拓展游戏思维，磨练坚强意志。给幼儿创设一个户外运动的健康心理环境，势必能激发幼儿运动的浓厚兴趣和强烈动机，促进幼儿身心和谐发展。

延伸与讨论

你觉得运动心理环境的创设对于幼儿参与体育运动有什么作用？你有哪些具体的措施？结合工作经验举例说明，并与同伴交流、分享。

（上海市浦东新区开心幼儿园　徐　丽）

4. 大小一起玩

——混龄运动环境创设

开展混龄运动的前提是创设良好的环境。教师需根据不同年龄幼儿的身心发展特点，创设相应的运动环境和投放不同层次的操作材料，促使不同年龄的幼儿都能在活动中与环境对话、互动，找到自己的发展空间。

一、规划和创设总体环境是混龄运动开展的前提

1. 开发不同种类场地的功能

幼儿园的场地种类很多，不仅有水泥场地、塑胶场地、大理石走道、鹅卵石小路、实木走廊等，还拥有草地、砖地、泥地、沙池、山坡等多种材质和地势。教师要善于开发不同种类场地的运动功能，为创设多样化的混龄运动环境提供良好的条件。

例如，小花园里有一条小路，路面分段分别铺设了大理石、红砖，还有一段是水泥镶鹅卵石，路很窄，只容一个幼儿通过。教师让小班幼儿学做小动物排队，以不同的指令提醒幼儿在相应的路段做出慢慢跑、轻轻跳、踮脚走、小步挪等动作，使幼儿在感受不同路面特征的同时体验到了运动的快乐。

图 1

图 2

2. 充分利用自然资源

幼儿身体的各个器官处于生长发育的旺盛阶段，他们需要回归大自然，接受阳光、空气、水的滋养，拥抱大自然赋予的一切。若能充分利用自然界的各种资源，不仅能为幼儿创设宽松、自然的环境，激发他们的运动兴趣，还有利于幼儿的身心健康。因此，幼儿园内的草坪、树林、花园、长廊及园外的绿地和社区都是幼儿运动的好场所。

图 3

总之，总体规划和创设一个合理、科学、多样化、多功能性的环境是有效开展混龄体育活动的前提，是有效激发混龄幼儿活动兴趣的保证。

二、设计和投放运动材料是混龄运动开展的保障

1. 投放趣味性的材料

材料的趣味性体现了材料与幼儿的一种特殊对话，它用无声的语言向幼儿发出召唤，吸引幼儿参与并喜欢运动，从而体验到运动的乐趣。

钻爬区是倍受幼儿欢迎的一个活动区，考虑到幼儿的年龄层次，教师既投放了可爱的"蘑菇房"，也投放了"炸药包"、"冲锋枪"等材料。于是，

图 4

小班幼儿可以扮成"小白兔"跟着"妈妈"爬过"小山"，钻过"小山洞"去"河"对岸采"蘑菇"，再把"蘑菇"送回家；中班、大班的幼儿则端起"冲锋枪"，背起"炸药包"，爬"草地"，跨"小河"，排除万难完成任务，在感受成功的快乐中锻炼了身体。

此外，还可以利用废旧材料，为幼儿创设运动游戏的情境。"车类区"里幼儿可以骑着自行车去"家家户户"送报送奶；"球类区"内幼儿可以学姚明投篮，模仿曲棍球员打球；"跑跳区"内的幼儿可以变成小兔、小狗捡食物回家……有趣的材料、生动的情境创设激发了幼儿参与运动的热情。

图 5

2. 投放可变性的材料

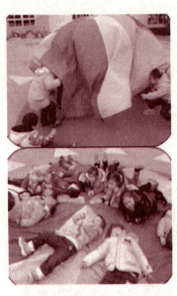

图 6

在混龄运动中，教师要注重根据不同年龄幼儿的特点为其提供可变性的材料，充分体现一物多玩、灵活多样的器械特征。

例如，游戏材料彩虹伞其实就是一张圆形的尼龙大布，幼儿可以动手动脑玩出许多新颖有趣的游戏：小班幼儿可以玩"爬大山"的游戏——将彩虹伞抛起后再压住变成一座充气小山，鼓励小班幼儿爬上去将其压扁；中班的幼儿则可以将其变成"桥洞"，玩"捉小鱼"的游戏——幼儿分成两组，一组幼儿边念儿歌边将彩虹伞抛起，另一组幼儿在"桥洞"中穿行，当儿歌念完时桥压了下来，被包住的"小鱼"就输了。

3. 投放层次性的材料

不同年龄的幼儿、同一年龄不同水平的幼儿在动作发展上存在差异，不同的幼儿在运动方式上也有选择差异，教师应尊重并接纳这种差异，同时给予不同的帮助，提供不同层次的材料，满足幼儿的不同需要。

例如，在汽车区，教师提供各种类型的"车"来满足不同年龄幼儿的需要。小班幼儿控制能力较差，他们喜欢特征明显、功能单一的大型仿真车，如警车、出租车、卡车等；中班幼儿的控制能力有所增强，但平衡能力还不是最强，可以给他们提供轻巧灵活的三轮车；到了大班，随着幼儿动作灵活性的增强，他们更趋向于选择难度大、挑战性高的车，如独轮车、滑板车等。

图7

　　小班幼儿喜欢外形有趣、色彩鲜艳的材料，教师可以在投掷区放置许多可爱的大嘴娃娃，让幼儿练习投掷技能；中班的幼儿把材料当成实现目标的工具，关注活动的结果，教师可以提供各种探宝的工具；大班的幼儿则喜欢竞赛性的体育活动，可在他们的游戏中增加记分牌等材料，使游戏具有竞赛性。富有层次性的运动材料能给幼儿提供充分的运动机会，为他们创建一个不断挑战自我、不断获得成功体验的空间。

　　运动材料是混龄运动开展的基础，是幼儿运动发展不可缺少的"伙伴"。在混龄运动中，丰富的材料将有助于幼儿进行自主性、创造性的运动，满足幼儿多种需要融合的要求。

延伸与讨论

　　1. 混龄幼儿运动与同龄幼儿运动有何不同？在创设混龄运动环境时要注意哪些要点？

　　2. 结合你们幼儿园的实际情况，谈谈如何因地制宜创设混龄运动环境？

（上海市浦东新区开心幼儿园　俞晓菊）

5. 随音而动

——运动音乐情境创设

作为户外运动的潜在环境，适宜的运动音乐能为运动锦上添花，使运动变得既有趣又有序。要创设良好的运动音乐情境，音乐的选择十分重要，不仅要在音乐的节奏、速度和乐句、乐段上进行筛选，更要注重音乐的力度、风格与体育活动的配合。

一、根据幼儿的年龄特点选择适宜的音乐

小班幼儿以直观形象思维为主，在运动音乐的选择上以节奏简单、生动形象的音乐为主。可以是简单的儿歌，也可以是幼儿熟悉的动画片插曲，这些音乐中有小班幼儿易理解的音乐形象，幼儿在运动中会很自然地跟唱，运动积极性也得到提高。例如，教师在童谣《小象》的伴奏下和幼儿一起学做小象慢慢走的动作；在《许多小鱼游来了》的音乐中带幼儿学做小鱼游戏……

中班、大班的运动音乐则以欢快、动感的儿童歌曲为主，节奏明快、旋律活泼。例如，教师在《加油歌》的伴奏下带领幼儿进行竞赛性的游戏；在《稍息立正站好》的音乐中和幼儿一起做律动……将这些轻快、动感的音乐融入运动中，既调动了幼儿参与运动的兴趣，又能让幼儿进行创造性的互动。

二、遵循动静交替原则，选择不同节奏的音乐

运动环节紧紧相扣、层层递进是整个运动过程的重中之重，音乐作为

一种特殊的环境，恰好能起到重要的作用。从开始的热身运动到活动展开，再到活动高潮，最后到活动结束，音乐环境都适时、恰当地融入每一个环节，把活动更好地推向高潮。

图 1

户外运动开始之前一般都有幼儿热身预备环节，这时候的运动强度不能过大，需要教师借助肢体大动作帮助幼儿将身体预热，慢慢进入接下来的运动，此时的音乐背景应该是愉快的、节奏分明的，以中速为宜；当幼儿来到运动场地，进入活动状态后，可以选用轻松活泼、富有动感的音乐，吸引幼儿全身心地参与其中；从集体练习过渡到分散活动时，教师可以在轻柔安静的音乐背景下向幼儿讲解活动要求及动作要领；而当幼儿进行运动或运动量大时，教师应该选用富有激情、节奏快、号召力强的音乐鼓舞人心，激发他们的运动兴趣；当运动进入尾声时，幼儿的精神状态大多是疲惫的，这时候需要用舒缓、柔和的旋律来帮助幼儿放松紧张的肌肉和神经。

因此，教师应该充分了解不同运动环节的性质及要求，把握动静交替、循序渐进的原则，配合幼儿运动的特点和要求，将不同速度、不同节奏、不同风格的乐曲精心安排、合理组织，让幼儿在特定的情境下更好地运动。

三、依据运动内容选择不同性质的音乐

图 2

假如太极拳的活动内容选用了一段流行音乐，健身操的活动内容选用了一段舒缓的小夜曲，那将是多么不协调。因此，音乐的选择一定要与活动的内容相适应。

在入场音乐的选择上，宜选择类似进行曲的乐曲，节奏分明、中速无配

音。当幼儿在音乐的伴奏下神气地行进时，油然而生的自豪感将促使他们以饱满的精神状态参加到运动中。中班、大班的幼儿运动能力较强，基本动作发展较好，对运动充满了兴趣，教师可在活动中安排幼儿整理运动材料，搭配号召力十足、节奏分明的《加油歌》，让幼儿在音乐的伴奏下劲头十足地搬运场地上的各类运动材料，既能持续锻炼，又增加了同伴间交流合作的机会。

总之，将适当的音乐作为运动的背景环境，改变了传统的运动模式，把音乐化、游戏化的形式渗透于活动中，调动了幼儿学习的积极性，提高了他们的注意力和观察力，让幼儿在轻松愉快的运动环境中理解、掌握动作要领，达到事半功倍的效果。

【参考音乐】

一、出场（热身）

1. 乐曲性质：朗朗上口、活泼有趣、节奏鲜明。

2. 推荐曲目：《狗狗减肥操》、《刷牙歌》、《Shake Your Body》

二、律动

1. 乐曲性质：活泼明快、旋律和节奏清晰、一般为八节拍。

2. 推荐曲目：

● 小班：《饼干操》（"智慧树"歌曲）、《和快乐在一起》（"巧虎"系列歌曲）、《小汽车》、《玩具模仿操》

● 中、大班：《加油歌》、《if you are happy》、《牛奶歌》（韩国儿童歌曲）、《企鹅爸爸》（法国儿童歌曲）

三、走跑交替

1. 乐曲性质：两段式或几段式乐曲、节奏鲜明。

2. 推荐曲目：《小狗与口哨》（进行曲式乐曲，根据需要自行截取）

四、自由活动

1. 乐曲性质：节奏动感、旋律活泼。

2. 推荐曲目：

● 小班：《Baby》（《婴儿城》主题曲）、《花仙子》、《机器猫》（《哆啦A梦》主题曲）

● 中、大班：《rain rain go away》、《butterflies》、《兔子跳跳跳》

五、退场

1. 乐曲性质：节奏舒缓、旋律轻松的背景音乐。

2. 推荐曲目：《左手右手》（动画片片尾曲）、《最好的未来》（"童梦缘"公益之旅主题曲）、《爱因为在心中》

延伸与讨论

　　你在幼儿律动操音乐选取时是如何满足幼儿年龄特点的？运动中你是怎样运用音乐，使幼儿各运动环节紧密衔接？请结合工作经验与同伴交流、分享。

（上海市浦东新区开心幼儿园　王沁沂）

6. 到哪里歇歇脚
——休息区环境创设

《幼儿园工作规程》明确指出：要保证幼儿每天两小时的户外活动和一小时户外体育活动。在保证幼儿运动的同时，也要考虑到幼儿在运动中的休息，以提高运动的质量。因此，户外活动休息区的创设显得十分重要。

一、休息区场地的选择与布置

户外休息区域是专门为幼儿在户外活动中适当休息所创设的，要让幼儿感觉到和在家里一样舒适、轻松，使他们的身体得到放松，以饱满的精神状态投入到接下来的运动中。

1. 安全与通畅

安全是选择场地时首先要考虑的因素，只有在安全的场地中，幼儿才能得到充分的休息，教师才能安心、放心。设置在操场边上的休息区域，应选择在塑胶场地（或空地）上，避免墙角等不安全因素，保证幼儿走动的方便和安全。

图1

休息区需要有双向通道，这样便于休息的幼儿与运动的幼儿分开，也便于他们继续参与运动。例如，操场边、草地上，幼儿可以就近休息，沐浴到充足的阳光；而葡萄架下、长廊下是天然的氧吧，幼儿可以感受到自然界植物的生长变化。这样的场地，一目了然，既便于教师观察和照料，也便于幼儿休息和互动。

2. 舒适与温馨

要设计舒适、温馨的场景，首先可以从区域创设的风格上加以考虑。例如，设置在操场边的休息区，可放置几把小沙滩椅，再撑上一顶太阳伞，营造一种浓浓的度假氛围，呈现一种惬意的休闲情调；安排在草地上的休息区，可以在草地上铺一块彩色、柔软的大垫子，垫子中间放置轻便的小矮桌供幼儿放置水杯，再放上卡通靠垫或抱枕，营造悠闲的休息氛围。

其次，要体现环境的温馨和舒适，和谐的色彩是必不可少的因素。教师在材料的选择上要注意色彩的美观、色调的统一，小到一个杯子颜色的选择，大到整个区域的主色调都要做精心设计，还可以征求幼儿的意见，和幼儿一起布置休息区。

3. 合适与合理

在满足休息的前提下，还要考虑合理性。例如，桌椅、垫子需要提供多少？这要结合实际情况，一般每个休息区可供 10 个左右的孩子一起休息就可以了。长廊和葡萄架下的休闲桌子应控制在 2 张左右，这样既不影响幼儿的出入，也能限定人数。毛巾、杯子等不可缺少的保育物品应该有专用的架子，两者摆放在一起，共同放置在休息区的入口；架子要有上下两层，上层放饮水的水桶和干净的杯子、毛巾，下层放已经用过的，这样可以将两者更好地区分开。

二、休息区材料的投放与暗示

1. 图文暗示

图文在休息区域中起着非常重要的作用。例如，在遮阳用的太阳伞旁创设"休息一下吧"的图文，不仅让孩子感觉很亲切，还能让不同年龄段的幼儿都能看懂。在水桶和放置毛巾的容器旁创设一些图文，提示幼儿在运动中要注意

图 2

喝水和擦汗，鼓励幼儿自拿自取。这样的图文提示不但为休息区域添加了一份别样的美感，而且让幼儿在休息之余学到了一些规则。

2. 物品的暗示

休息区投放的物品在某种程度上替代了教师的提醒和指导。小椅子、遮阳伞、茶水桶、小水杯、擦汗巾等暗示幼儿不要忘记休息、饮水、擦汗，即使教师不在身边，幼儿也会根据物品的暗示主动休息、饮水、擦汗。

● 椅子

在休息区域中摆放椅子的数量，一方面暗示着这个休息区域中休息的人数，另一方面也提示其他幼儿可以到其他休息区域中去休息。

● 太阳伞

休息区域中的太阳伞也可以作为一种提示。撑起太阳伞告知幼儿此处休息区域开放，在运动中感觉到累的时候可以休息、放松一下；收起太阳伞就意味着此处休息区域关闭，可以选择其他休息区域。

● 杯子

可以提示幼儿根据自己的性别、年龄来拿取在户外喝水的杯子。在杯子上，可用红、绿两种颜色的贴纸来表示。例如，弟弟可以用贴有绿色贴纸的杯子，妹妹可以用贴有红色贴纸的杯子。

● 毛巾

教师可以根据幼儿的年龄段分别提供大、中、小规格不等的毛巾，让每个幼儿更有选择性。通过这种暗示，不但给每个幼儿提供了良好的保育措施，还可以使他们学习到颜色、大小等知识。

图3   图4

　　为幼儿提供一个舒适、温馨的休息场所很重要，既能让幼儿轮流休息，又能调控幼儿的运动量。只要花些心思，合理地规划和布局，每一处休息区都将演绎精彩！

延伸与讨论

　　1. 你是怎样安排和布置幼儿园户外活动休息区域的？
　　2. 你在户外活动区域创设中有什么困惑？是怎么解决的？

（上海市浦东新区开心幼儿园　孙　慧　王晓莉）

7. 因地制宜
——雨天运动环境创设

　　每天的运动时间是幼儿最快乐的时间之一。在阳光下，在微风中，像鸟儿一样奔跑，像小鹿一样跳跃是幼儿热切盼望的事情。但是总有那么几天，因气候条件的限制，幼儿只能在室内进行运动。故巧妙利用现有的材料和场地，为幼儿创设合理适宜的雨天运动环境就显得尤为重要。

一、有效规划雨天运动区域

　　幼儿园通常会把雨天的运动安排在室内进行。由于每处环境的装饰、布局都不同，因此在选择场地时要注意将不同场地综合利用。

1. 大厅、中厅

　　空间大、空旷的地方能容纳整班幼儿活动，最适合进行同一类型的多项运动。但这些地方经常会以大理石、木材等材质做地板，运动时要注意雨天回潮导致的打滑以及因运动器材材质特殊而导致的危险情况。

图1

2. 专用活动室

空间中等大小的地方，橱柜多、桌椅多、玩具多，还可能会有其他危险物品（如玻璃、电视）。在这种情况下，建议和教室、走廊等结合，采用分组的策略，减少人流，满足幼儿运动的需求。可安排平衡、钻爬、投掷等运动量较小的运动。

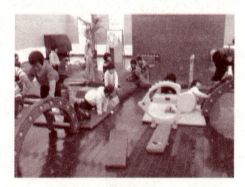

图 2

3. 走廊、楼梯

在空间狭长拥挤、地面较硬的地方，需要严格控制活动的人数，也要注意避免选择容易打滑的运动器械。走廊空间的长度、宽度便于幼儿进行前进、抛高的运动，可以选择沙包、流星锤、运货车等器材，也可以进行跳格子、套圈、搬纸箱等比较安静的运动。楼梯上最适合开展的活动就是跳台阶。

4. 教室

雨天运动需要在走廊、教室内分流。教室的区域布局需要调整，将不需要的柜子等障碍物挪至一旁，以防运动中发生意外。另外，可以利用教室内适合的桌椅、矮柜、游戏材料等搭建障碍道路让幼儿进行活动。例如，教室内的桌子可用来钻爬，椅子可组成不同的道路成为平衡区。

图 3

5. 阳台

在阳台上不能安排登高运动，可以安排保龄球、跳绳等运动。

可供雨天运动的区域不宜多，通常以班级教室、活动室配上走廊和阳台的模式为主。充分开发空间资源能使雨天运动区域成为全方位立体交叉的区域，给幼儿提供更丰富的运动内容。

二、深入思考材料投放

1. 一物多玩，满足需求

雨天运动的场地远远小于室外场地，过多的器材会因活动区域减小而给幼儿带来危险，然而太少的器材又不能满足幼儿的需求，因此可从一物多玩的角度思考材料的投放，还可以通过年级组间的互换、辅助器材的增加等给予幼儿不同的材料，练习不同的运动技能。例如，自制的报纸球可以代替足球进行踢球、传球游戏；利用篮筐和大肚娃娃等可以进行投球、接球活动；利用赶小猪的木棍和纸棒可以进行滚球游戏等。

2. 轻巧方便，易于搬动

雨天运动的器械一般都是不固定的，加上场地和人数的限制，建议每个区域的材料和器械体积小巧、便于搬动。可以将活动区域设置在楼层较低的场所，让幼儿下楼活动，也可以选择有相似功能的轻便器械。例如，同样是进行跨跳区的活动，和跳马相比，利用 PVC 水管做成的障碍栏就显得更为轻便，容易拿取，更适合拿至较高的楼层进行活动。

3. 安全至上，多加观察

雨天室内地板会因为潮湿而打滑，幼儿运动时容易摔跤。这就要求我们在选择器械时应仔细考虑：是否适合在大理石地面上活动？是否适合在周围有许多桌椅的活动室活动？安全第一是雨天运动环境创设的第一原则。

三、合理站位利于活动

雨天运动时三位教师的站位要能便于关注到所有的幼儿，便于在较拥挤的环境中帮助幼儿提升运动能力。

1. 主班教师根据计划安排，站在重点关注区域

重点关注区域指多数幼儿活动的区域或是器械使用区域，是需要教师"眼观六路，耳听八方"的地方。主班教师要关注所有幼儿的运动，或者有间隔地走动，关注其他区域幼儿的运动情况。

2. 配班教师关注少数幼儿，站在能沟通三方的区域

配班教师肩负着与主班教师、生活教师沟通的重任，需要在第一时间将教师的意见相互转达，将幼儿的情况及时反馈给主班教师和生活教师，因此要站在能够沟通三方的区域中。

3. 生活教师关注特殊儿童，站在保育区域内

运动中，生活教师首先应注意对特殊儿童的护理，需要不停地观察、走动、询问，指导幼儿适当地调节和休息。

适宜的雨天运动环境创设方案，应以兴趣为中心，以资源为载体，突出幼儿在运动中的主体地位，重视对幼儿运动兴趣的培养，使幼儿在运动中获得乐趣，感到愉悦，从而提高运动能力。

延伸与讨论

　　1. 雨天运动时如何兼顾场地、器械的平衡以及幼儿各方面的动作技能发展和运动能力的获得？
　　2. 园所狭小、场地有限的情况下，如何更好地利用活动资源来满足雨天运动？

（上海市浦东新区开心幼儿园　徐启瑛）

8. 一物多玩
——运动材料开放性创设

运动材料是体育运动展开的基础，是幼儿运动不可缺少的交互"伙伴"。一物多玩能使运动项目更丰富，能不断激发幼儿对材料的兴趣，提高材料的使用率，使幼儿更好地投入到运动中去。

案例：小竹筒的变化

幼儿走平衡桥，个别幼儿拿了小扁担玩负重游戏。这时，突然听到源源说道："哎呀，我水桶里的水打翻了，我要在'河'里再打点水。"于是他弯下身体，一手抓着水桶的边，一手扶好扁担，作势打水，跟随其后的幼儿也模仿了起来。之后教师故意将几个竹筒随意地放在桥边，并对一个幼儿悄悄地说："试试看，能不能不用手，站在桥上就能取到那个竹筒。"

一个幼儿弯下身子，最后甚至躺在了平衡桥上，使劲将身子探了出去，可还是够不到，于是教师示意他用扁担试试。他把扁担的一端对准竹筒绳子中的洞口，使劲往上一拉——成功了！他开心地挑起扁担，继续前行，说："'钓鱼'可真开心啊！"

在"钓鱼"的时候容易产生新的问题：扁担穿过绳子中间，需要花费幼儿一定的时间，容易造成拥堵，延长幼儿的等待时间。教师可以悄悄地将四个塑料桩四散在平衡桥边，当幼儿带着"鱼竿"走过准备"钓鱼"时，教师用手指指塑料桩说道："'钓鱼'要到'钓鱼台'哦！""'钓鱼台'？""就在那儿，小心上去，别掉进'河'里了。"

幼儿小心翼翼地跨上"钓鱼台"，伸出"鱼竿"准备"钓鱼"，跟在后面的小朋友也不会再受到影响，顺顺利利地找到各自的"钓鱼台"；没有带"鱼竿"的小朋友则手拿两个水桶打水，完成接下来的游戏。

教师的反思

案例中的材料既有大型的平衡桥，也有相应的辅助物（竹筒、扁担、塑料桩、麻绳等）。在幼儿与材料的互动中，教师通过观察、暗示、提供辅助物等方式帮助幼儿借用同一种材料玩出了不同的花样，感受到了一物多玩的快乐。

大班幼儿在"钓鱼游戏"中能够利用辅助材料完成任务，既感受到了"钓鱼"的快乐，也训练了手眼协调能力。由此可见，大班幼儿对自身动作的控制能力已经逐步稳定，运动能力有了较大提高。同时，通过赋予游戏材料新的玩法，在活动中不断调整材料，促进了游戏情节的发展。此时，单一的运动项目在辅助材料的帮助下变得更加丰富。

对于年龄小的幼儿，为保持其参与游戏的兴趣并发展大动作技巧，教师可以创设一定情境。例如，放置更为逼真的材料（色泽鲜艳的水桶、运送路线的情境性创设——穿越狼堡等），让幼儿平平稳稳地走过独木桥，或是负重走过独木桥等，让情节变得更加生动、有趣。

一件小小的材料，当被赋予不同的功能与玩法时，就会变得更加生动有趣，这就是一物多玩的魅力所在。

幼儿园运动材料中比较适合一物多玩的材料有以下几种：自然物，如橡皮筋、沙包、罐子、报纸等；轻便、易于搬动的器材，如绳子、圈、轮胎等。在具体操作上，有以下几种方法可供借鉴和参考。

● 叠加

将两个或两个以上物体进行组合使用。以平衡区中长凳和长板为例：幼儿可以在宽窄不同、高低不等的平面上练习平衡木。在这个区域中，能力较强的幼儿会将板与凳结合，宽凳架在窄凳

图1

上，构成倾斜的平面；或两个长凳相叠，构成双倍高的平衡木；或者将板架在长凳上，增加了平衡木的长度，降低了平衡木的平稳性。

- 筛选

一物多玩的材料一般以轻便、易于搬动为主，这样更易于幼儿的取放和组合。此外，材料的安全性也是不可忽视的。例如，用麻绳编制的大网架可用于攀爬架或钻爬网，这种大网架经过一定程度的加工和变化，降低了发生安全事故的可能性。

- 延长

把多个物体或多种物体相连以创设更有难度的道路、坡道等。例如，幼儿把平衡木架在塑料大筐上，变成了一座高高的桥，运动中的挑战能力加强了；把平衡木和铁制门洞进行组合，变成了地铁隧道，幼儿在里面钻、爬……材料延长后，给幼儿带来了更多的探索空间和乐趣。

图2

- 添加辅助物

适当添加辅助材料能使活动变得有趣而富有情境性。例如，在平衡区中，如果教师以长板凳为依托，为幼儿提供模仿杂技表演的顶碗和顶盆等，将大大增加游戏难度和趣味性。在车区投放一些自制加油站，让幼儿模仿加油，既增加了运动的趣味性，又调节了幼儿运动的频率。

同一种玩具，只要稍加提示，幼儿就能创造出许多玩法。可见"一物多玩"不仅是一个同中求异的过程，也是一个动思结合的过程。教师要善于做有心人，鼓励和帮助幼儿挖掘同一种游戏

图3

材料的不同功能，真正做到"一物多玩"，乐趣无穷。

　　如何围绕"一物多玩"进行相应的环境创设？你是如何鼓励孩子利用环境中的材料进行"一物多玩"的？结合工作实际举例说明，并与同伴交流、分享。

（上海市浦东新区开心幼儿园　金潇琳）

9. "喜羊羊乐园"
——小班混班运动主题环境创设

　　小班混班运动是指将同一年龄段的幼儿按照一定的模式加以组合，形成临时的班级或小组，开展以身体锻炼为主的运动。在实践中，我们以幼儿喜闻乐见的动画主题为切入点。

　　《喜羊羊与灰太狼》是一部轻松幽默的动画片，片中反映的智慧、善良、勇敢、团结都是幼儿运动精神中所需要的，因此我们以这部动画片为切入点创设了"喜羊羊乐园"的主题。根据动画情境以及幼儿运动技能的需要，我们设计了六个区域，分别为"青青草原"、"青青牧场"、"青青果园"、"青青森林"、"青青小河"和"狼堡"。

一、主题情境的环境创设

1. 青青草原

　　以小花园和游泳池组成青青草原，在模仿合作攻打狼堡、为喜羊羊造房子的动画情节中，练习击打、踢、推等动作。

区　　域	环　　境	材　　料
● 攻打狼堡	泳池四周贴有各式狼堡图片。 图1	曲棍球棒、纸球、软球、小足球。 图2

续表

区　域	环　境	材　料
• 喜羊羊 　造房子	在泳池周围空地，标上线路图、停车标志和工地标志。 图3	独轮车、泡沫砖

2. 青青牧场

通过骑车送牛奶和喂奶牛吃草的情节，练习骑自行车，并能和同伴遵守交通规则。

区　域	环　境	材　料
• 给奶牛 　喂草 （送牛奶）	靠墙布置停车区域，中间画横道线，摆放交通警察岗亭。 图4	用纸盒制作奶牛，用空牛奶瓶、橡塑纸制作青草和红绿灯标志。 图5

3. 狼堡

创设多维投掷材料（高空、立体房子等），在攻打狼堡情境中练习投远和投准。

区　域	环　境	材　料
● 勇斗 灰太狼	将画有灰太狼的布悬挂在墙上，地面上画有不同的投掷线，并标有分值（几颗星）。 图 6	用无纺布制作的子弹。
● 攻打狼堡	把纸盒剪成狼堡，并用"小河"隔开，用长凳代替河岸。	用酸奶瓶代替手榴弹，用不同材质的小球投掷。

4. 青青森林

创设可以改变的纸箱迷宫，幼儿自主选择装扮材料，模仿动物动作通过迷宫。

区　域	环　境	材　料
● 小动物 捉迷藏	大型纸箱自由组合成迷宫。 图 7 图 8	动物装饰（头饰和动物尾巴）。

5. 青青果园

设置各种障碍、线路，通过钻爬、滚、攀爬、触摸跳等方式摘到树上的"果实"。鼓励幼儿互相帮助，通过障碍。

区 域	环 境	材 料
● 小刺猬背枣子	绿色地垫上撒满刺毛搭扣做的枣子。	自制无纺布背心、枣子。 图 9
● 采果子	布置三条路，树上挂有轻质皮球，墙上挂有攀爬梯子并装饰成大树。 图 10 图 11	竹梯、独木桥、爬龙、小背包、自制果子若干。

6. 青青小河

设置送小鱼回家、跳荷叶、跳水、小鱼游泳等情节，练习羊角球跳、高处跳下、四轮滑板等动作。

区　　域	环　　境	材　　料
• 送小鱼回家	墙上画有背景图，并安装雌雄搭扣（波浪形）。  图12	无纺布制作的各色大小不同的鱼、羊角球、滑板。
• 青蛙跳	自制荷叶、塑料圈。	
• 小鱼游	用 KT 板装饰，划分出几个立体河道。	四轮滑板车、小手套。
• 鲤鱼跳龙门	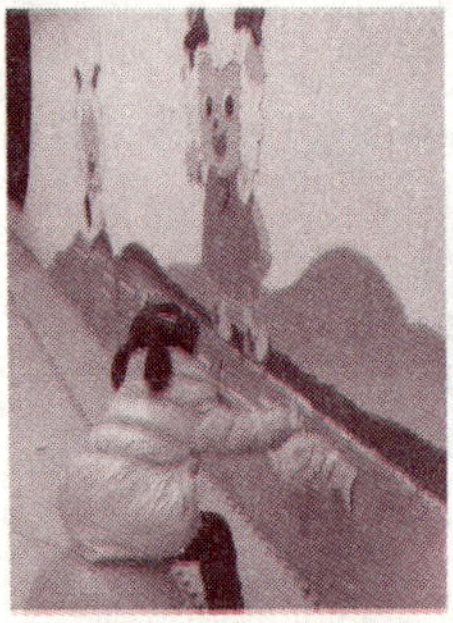 图13	三层箱式平台、垫子。

二、主题环境创设的要素

1. 环境创设的情境性

《喜羊羊和灰太狼》是小班幼儿最喜欢的动画片之一。因此，我们设计了以"喜羊羊乐园"为大背景，按动画片情节中的场所来划分运动区域的运动环境，在《喜羊羊和灰太狼》动画片的音乐声中，幼儿开始了动画之旅。

"青青草原"中小羊们推独轮车搭建房屋；"青青牧场"中小羊们骑自行车给奶牛喂草；"青青森林"中幼儿装扮成各种动物穿梭于迷宫之中；"青青果园"里小羊们身背小书包采摘树上的果子；"青青小河"边幼儿们骑着羊角球通过不同材料建造的路；在"狼堡"的区域中，小羊用投掷物"炸毁狼堡"，掌握正确的投掷方法。

2. 材料投放的趣味性

在动画情境中，各区域内的设计更注重趣味性。"青青森林"中，幼儿可以戴上猴子尾巴，模仿猴子学习攀爬的本领；幼儿也可以戴上兔耳朵模仿小兔子在森林里追逐跳跃。"青青小河"中的小鱼被捕获后，可以被送回小河，也可以被带回家。树上的果子可以摘下，也可以再种上，这些反复操作的材料可以被充分利用。

3. 材料投放的层次性

由于小班幼儿运动经验各不相同，在投放材料的过程中更要考虑到层次性。"青青牧场"中提供的自行车应该有大有小，"青青小河"中羊角球的大小也是不同的，"青青果园"中各条小路的难度设置也要不同。

图 14

图 15

小班幼儿在运动中有较多的独自行动，通过主题环境创设，将原本硬性的器械化为富有生命的主题情境，调动了幼儿运动的积极性；给幼儿提供角色扮演的背景，角色互动的情节为幼儿创造了交往的机会。

延伸与讨论

　　1. 你尝试过开展混班运动吗？在环境创设上，有哪些新颖有效的做法？

　　2. 对于不同年龄的混班运动，可以创设哪些不同的主题环境以促进混班运动的有效开展？请结合工作实际，与同伴交流、分享。

（上海市浦东新区冰厂田幼儿园　王劲青）

延伸与讨论指南

- **关键词：区域**（1. 全身动起来——区域运动环境创设）

根据幼儿园内场地的实际情况，科学规划，合理安排；运动机能的发展包括多个方面，尽可能提供不同的运动感受和体验，攀爬钻、走跑跳、投掷、翻滚，都能让孩子得到锻炼；既要满足幼儿动作发展的要求，又要使幼儿在运动中感受快乐，同时还要考虑场地的安全性及适宜性。

- **关键词：小班**（2. 在情境中锻炼——小班运动环境创设）

情境下的运动更容易使幼儿感兴趣，也容易使规则直观化，年龄越小的孩子越需要创设情境；给孩子安排一个有趣的角色；道具和情节不要太复杂；情境是为运动服务的，要防止喧宾夺主。

- **关键词：心理**（3. 运动乐翻天——运动心理环境创设）

运动不仅是健康的，更是快乐的、轻松的；在保证安全的前提下，给孩子更多的自由运动的机会，孩子们会有各种属于自己的玩法；情境化、背景音乐、有趣的器材和道具都是快乐运动的催化剂；运动中要勇敢，鼓励幼儿克服困难。

- **关键词：混龄**（4. 大小一起玩——混龄运动环境创设 9. "喜羊羊乐园"——小班混班运动主题环境创设）

混龄的主要目的是利用大小孩子的运动水平不同来达到互补的效果，即大孩子带小孩子，为小孩子提供榜样和示范，小孩子学大孩子，得到不同于大人的照顾；运动环境和材料的创设要适当体现差别，但更重要的是鼓励大小孩子间的交流与合作；让大小孩子在运动中主动结伴，形成稳定的友谊。

- **关键词：音乐（5. 随音而动——运动音乐情境创设）**

　　有音乐的运动将更快乐，更有趣，更有美感；小班以节奏简单、生动形象的音乐为主，中班和大班则以欢快、动感的儿童歌曲为佳；固定的音乐让孩子的运动形成固定的程式和习惯，适时调整的音乐让孩子有新鲜感，获得崭新的运动体验。

- **关键词：休息区（6. 到哪里歇歇脚——休息区环境创设）**

　　休息区域的安排和布置要因园、因地、因人而异，宗旨只有一个：为幼儿提供休憩、休整的场所，休息是为了充分地运动；考虑到季节、天气的不同，在休息区的选择上可以有所调整；如果园内有植被遮阴的长廊，这里是理想的休息场所；饮水、毛巾等物品要配备到位。

- **关键词：雨天（7. 因地制宜——雨天运动环境创设）**

　　园方课程组、教研组进行有规划地统筹安排，保证各个年龄段器械安排合理；开发室内空间资源保障幼儿运动环境，有效利用教室、活动室、走廊等室内环境；按照场地的不同特点，选择更适合的器械；雨天晨间室内运动配合下午运动，早晚兼顾满足需求。

- **关键词：材料（8. 一物多玩——运动材料开放性创设）**

　　"一物多玩"不仅是一个同中求异的过程，也是一个动思结合的过程；对于同一种玩具，幼儿能创造出许多玩法，例如球的玩法，有滚着玩、拍着玩、传着玩、踢着玩、夹球玩、花样拍球、运球、头上传球、顶球等；一种普通的、常见的"物"，能呈现出多种运动状态。

第五辑 学习环境

1. 隐性的课程
——主题环境下的自主学习

　　创设适宜的主题环境已成为当前幼儿园教师关注的热点问题，我们应将主题目标、内容等融入主题环境之中，使环境发挥其潜在的教育功能，从而促进幼儿的自主学习。

一、与主题相吻合的环境

1. 大环境营造主题氛围

　　形象逼真的主题大环境创设，能有效激发幼儿学习的兴趣，丰富幼儿与主题相关的经验，自然地将幼儿带入主题活动中。

　　例如，我们在开展"我是中国人"的主题前，在教室中陈列了各种各样的民族娃娃，悬挂了两条气势恢弘的"中国龙"，摆放了富有中国特色的瓷器、蓝印花布、中国结等物品，立即把幼儿带入了一个充满着浓烈民族气息的主题环境之中。由此可见，形象逼真的主题环境，为幼儿的自主学习奠定了良好的基础。

图1　　　　　　　　　　　　　　　　图2

2. 主题墙展示主题进程

主题墙是主题活动预设与生成的催化剂。墙面主要展示主题活动的内容、发展脉络、相关信息资料以及幼儿的作品等。主题墙是动态的，随幼儿的学习、活动需要而变化，更好地为教育活动的开展和幼儿的主动发展服务，能够引导幼儿关注主题、发展主题、深化主题。

例如，在大班主题活动"我要上小学"中，我们从幼儿的实际需要出发，主题墙以"问题栏"的形式出现，收集并记录幼儿入学前的困惑，用提问、图片、绘画的形式呈现在主题墙上，突显该主题的重点，并围绕重点开展各种幼小衔接活动，例如参观小学、采访小学生以及开展"假如我是小学生"的演讲等。

图 3

3. "自由墙"呈现幼儿的想象力

在创设教室环境的过程中，我们尝试在主题墙上适当"留白"，让它变成幼儿展示自己、表现创造能力的"自由墙"。

图 4

例如，在"我们的城市"主题活动中，教师带领幼儿进行了多次参观后，幼儿对自己居住的城市的变化兴奋不已。这时，教师不失时机地加以引导："发现了这么多的变化，怎么让幼儿园其他小朋友也知道呢？""我们讲给他们听。""我们还是画在'自由墙'上吧！"由于幼儿有了在"自由墙"上进行创作的强烈愿望，接下来的活动就变得顺理成章。幼儿用绘画或制作老房子、新房子的方式，以新旧强烈对比让大家感受城市的巨大变化。他们用几个鞋盒组合成"高楼"，还在"楼顶"上"种"上花草，兴奋地告诉大家，那是"空中花园"。他们将牛皮纸揉皱，表示老房子残破的墙壁……"自由墙"为幼儿提供了一个广阔的自主表达的天地。

二、使主题深化的区角环境

区角活动为幼儿的感知、操作、学习提供了更自主的空间，丰富的游戏材料、合理的空间和充足的时间、宽松和谐的氛围等都为幼儿的主动学习和探索创造了条件，让幼儿通过自主学习、探究和游戏来获取知识经验。

例如，在"春天来了"主题活动中，我们将探索区设置在活动室的一角，区域内提供各种各样的种子和幼儿从家中带来的花卉以及其他植物，还有观察、操作、记录用的材料。幼儿每天细心照看它们，给它们浇水，观察生长变化的过程，将自己的发现记录下来，一个阶段后进行归纳、小结，并提出新的问题。

图5

图6

孩子们在种种子的时候提出了问题：怎样才能使种子发芽呢？之后，孩子们通过"种子发芽"的实验，在自主探索中获得了经验。活动区引导幼儿在与环境及材料的互动中发现问题、积累经验、提出问题，最后达到自主解决问题的目的。这样不仅提高了幼儿对区角活动的兴趣，而且培养了幼儿的动手操作能力和探索能力。

三、为主题助推的家园之窗

家园之窗是家长关注、了解、参与主题活动的窗口，它承担着"班级信息来源站"和"主题活动资料库"的任务。

　　在创设家园之窗时，我们主张设置多个板块，例如"主题介绍"、"热点话题"、"亲子时光"、"共享资源"等，利用家园之窗中的板块向家长宣传主题，指导家长全程参与主题活动。"主题介绍"能让家长了解主题的目标、内容；"热点话题"则向家长介绍主题活动进展情况，征集家长对活动的建议；"亲子时光"为家长提供幼儿活动的情况和亲子互动信息；"共享资源"提示和指导家长帮助幼儿收集材料。

　　总之，幼儿园的主题环境创设，应该是幼儿开展自主学习的平台，是幼儿自我表现与展示的舞台，是孩子们想象与创造的天地，也是家园信息与经验交流的窗口。我们应重视环境的创设和利用，发挥环境的教育功能，真正做到让环境成为课程的一部分。

延伸与讨论

　　1. 你在主题环境创设前是如何进行环境的整体规划的？
　　2. 你所在的班级的主题环境是否有留白空间？
　　3. 你所在的班级的主题环境是否可以随时更替？

（上海市浦东新区六一幼儿园　蒋静愉）

2. 我要这样做
——主题环境下的表达与表现

　　主题活动与幼儿充分的表达和表现都是当下幼儿园课程的核心要素，如何利用主题环境促进幼儿的表达与表现呢？

一、在区域中投放前置材料，激发幼儿表达与表现的愿望

　　与主题直接相关的材料在主题实施中能够帮助幼儿积累与主题相关的经验，推动主题活动的深入开展。在新主题活动开展之前，教师可以在区域中投放能让幼儿把自己的感受和体验表达、表现出来的材料，激发他们表达与表现的愿望。

　　例如，在小班开展的"糖果"主题活动中，教师在教室的一个角落里摆放了各种各样的糖果瓶子，里面装满了不同口味、不同包装以及不同颜色的糖果。这一举动立即吸引了幼儿的眼球，于是他们纷纷跑到糖果前叽叽喳喳地讨论开了："这是棒棒糖，是草莓味的，

图1

我最喜欢的。""这是德芙巧克力，妈妈说吃多了会长蛀牙的。""这是阿尔卑斯奶糖，我吃过的，广告里也有的。"……大家你一句我一句，讨论得不亦乐乎。随着主题的不断发展，幼儿对糖果的探究热情始终不减。有的幼儿用肢体语言表达糖果的味道，有的幼儿提出要用各种材料如橡皮泥、绉纸、纸条等做糖果，还有的幼儿提出在教室里开糖果店……在这一主题活动中，各种糖果的投放激发了幼儿表达与表现的愿望，使他

们把自己的想法表达得淋漓尽致。

二、将探究成果布置在环境中，拓展幼儿表达与表现的方式

主题环境往往随着主题的变化而变化，教师通常会在教室里突显新主题的内容而适当地缩减甚至消除旧主题的痕迹，然而一些旧主题的探究成果有时也是拓展幼儿表达与表现能力的方式。

例如，在大班开展"消防车"主题活动时，幼儿共同建造了一辆"消防车"，由于教室空间有限，教师将"消防车"展示在走廊上。这一主题活动本已宣告结束，但受"消防车"的启发，有一组幼儿又开始探究"着火了怎么办"。在探究中，他们利用调查、采访、查资料等方式制作了三本图书。图书制作好后，虽然也向同伴们介绍过，但是未参加他们小组探究的幼儿并不清晰，只是知道大概。于是，教师将这三本图书放在了阅读角的"新书推荐"栏目中。没想到，这三本图书引起了幼儿很大的兴趣。在角色游戏中，扮演消防员叔叔的幼儿还利用这三本图书组织"居民朋友们"一起学习消防知识。最后大家都觉得学习如何自救很有必要，决定推荐给小班和中班的弟弟妹妹。

图 2

图 3

图 4

三、注重主题环境的迁移性，满足幼儿表达与表现的需要

在主题活动的开展中，教师应"关注幼儿在环境中创作的主动性，

关注幼儿对情境的多重体验，倡导在主题背景下提供多种活动情境"。因此，将已有的主题环境巧妙地迁移到各种活动中，能够满足幼儿表达与表现的需要。

例如，大班开展"四季轮换"主题活动时，教师带着幼儿一起来到了幼儿园的后花园，那里种了多种树，有桂花树、橘树、广玉兰等等。幼儿一到小树林，便和同伴一起观察树上的果实，一起和大树比高低……回到教室后，他们提出在教室里布置一片小树林。于是，他们开始收集材料，有的做树干，有的做树叶。有的幼儿想起了曾经开展过的"动物大世界"的主题，提出要在树上给小鸟建一个鸟巢，还有的幼儿说树林里还有小刺猬、小猴、枯叶蝶……这些想法重新激发了幼儿对动物的探究热情，引发了他们模仿小动物的兴趣，于是，有的学小蛇游，有的学小猴抓耳挠腮，有的学树袋熊睡觉……第二天午后再去后花园散步时，幼儿自发地边走边玩，有的与同伴做游戏，有的扮成小鸟飞，有的扮成小白兔蹦蹦跳。

四、注重主题环境的个性化，提升幼儿表达与表现的水平

在主题环境创设中，教师往往会根据班级幼儿的特点创设富含本班特色的区域，如美工角、音乐角、创作角等，为幼儿的表达与表现提供平台。例如，在"我是中国人"主题背景下创设的欣赏区，教师选择一些名家名画给幼儿欣赏，这些作品能使幼儿充分地欣赏美、感受美，提升对美术作品的鉴赏力，有助于他们发挥自己的想象进行临摹或者创作，提升创作水平。

总之，主题环境作为重要的教育资源，对幼儿的影响是巨大的。作为教师，我们应该让幼儿通过亲身感受，用自己的方式表达与表现内心世界，为扩展、提升幼儿的经验提供平台，促进幼儿个性化的发展。

幼儿绘画作品展示与探究简报展示的差别在哪里？在主题活动中，你一般通过哪些方式让幼儿表达与表现？有哪些好的做法？

（上海市浦东新区六一幼儿园　张玉磊）

3. 有准备的自由
——主题环境的预设与生成

　　教师在创设环境的过程中应注重幼儿兴趣和教育目标的有效融合，正确把握环境创设中"教师预设与幼儿生成"之间的关系，做到预设与生成有机结合、相互融合，有效发挥环境隐性的教育作用，促进幼儿的发展。

一、环境引发幼儿生成的策略

1. 环境体现动态性，在潜移默化中引发幼儿生成

　　环境创设应随幼儿的兴趣和能力、季节、节日及主题活动的发展变化而不断变化，变静态的环境为动态的环境。例如，在中班"幼儿园朋友多"主题中，第一次墙面变化由教师发起，我们将幼儿完成的纸娃娃作品以手拉手的方式呈现在墙面上。第二次墙面变化是在国庆节前夕，幼儿提出给每个娃娃做面五星红旗，欢度国庆。第三次墙面变化是在"周围的人"主题中，教师提议选择不同颜色的纸折叠成衣裤粘贴在娃娃身上，例如，用白色纸折叠成医生服装，用深蓝色纸折叠成警察服装等，表现出不同职业的衣着特征。主题环境体现了动态性，教师应不断提供适宜的材料，让环境随时得到补充和调整，使幼儿与环境产生积极互动。

2. 在环境中记录幼儿生成，促使生成深入发展

　　马拉古奇说："我们的墙壁会说话，也有记录的作用，利用墙壁的空间暂时或永久地展示幼儿及成人的生活。"也就是说应利用环境记录幼儿

的生成，记录探究的整个过程，在环境中追寻幼儿的问题并深入探索。例如，在大班"春夏秋冬"主题中，孩子们对春天的鲜花产生了浓厚的兴趣，于是我们将孩子们的问题一一呈现在"问题墙"上，经过一番讨论后，孩子们决定分成三个小组来解决问题，分别是"鲜花种类"、"鲜花赠送"、"鲜花保鲜"，在思维的碰撞中，新的主题就这样生成了。随后，我们又利用环境记录下各组幼儿生成探究的整个过程，为他们提供相互学习、交流、反思的平台，引导幼儿分享经验，深入探讨，促使生成往纵深方向发展。

图1　　　　　　　　　　　　　　图2

二、教师预设主题环境的策略

1. 整合地预设环境

在主题启动阶段，教师可通过头脑风暴、交流经验等方式，了解幼儿的既有经验，找到幼儿的关注点，梳理主题目标。再根据主题目标、幼儿当前的兴趣与需要等内容来进行选材，制定环境创设方案。例如，在大班"动物大世界"主题中，孩子们对蚂蚁很感兴趣，因此在组织幼儿寻找、观察蚂蚁的基础上，我们根据幼儿对蚂蚁的认知，设计了蚂蚁王国的区角活动：送蚂蚁回家、帮蚂蚁运粮、合作制作蚂蚁模型、观察蚂蚁工房、记录蚂蚁活动等。我们力求在环境创设中既注意促进幼儿认知、技能方面的发展，也重视环境对幼儿情感的熏陶，更重视精神环境对幼儿情感、个性品德方面潜移默化的影响。

2. 预设可生成的空间

教师应从幼儿实际出发，让幼儿参与环境的创设。例如，在"可爱的动物"这个主题一开始，我便请孩子们收集自己喜爱的动物的图片并了解其生活习性，鼓励他们说出各自喜爱这些动物的理由。有的说："我最喜欢老虎，因为它是森林之王。"有的说："我最喜欢喜羊羊，因为它最聪明。"有的说："我喜欢恐龙，因为它有很多种类，很神奇。"……通过与环境的"对话"，师幼双方就会在认知、情感、经验等方面进行积极的交流、互动，教师可从中捕捉到有价值的信息，进行有机生成，从而推动主题活动的开展。

3. 预设多元互动的环境

教师不但要让幼儿参与墙饰创作，还要让幼儿利用墙饰进行操作。为此我们尝试了两种互动方式，效果均不错。一是将主题墙与区角活动互动起来，使两者共同体现教育功能。二是提供"半完成"的墙饰，让幼儿完善。例如，为小班幼儿在墙上贴上蓝色绒布代表天空，绿色绒布代表草地，并在绒布上钉许多纽扣，同时制作带有扣眼的花、小动物、太阳、云等，请小朋友把这些东西一一扣上去，一幅美丽的图画就展现在眼前了。第二天把这些东西卸下来，又可以重新排列组合成另一幅美丽的图画。这样，"半完成"、有待完善的墙饰，以及通过操作能发生变化的主题墙，更容易引起幼儿的操作欲望，使孩子们每天都有一种新鲜感、成就感，使主题环境真正与孩子们互动。

图3

图4

在主题活动开展过程中，教师的环境预设要立足于幼儿的基本经验、兴趣热点和发展目标之上，教师要善于捕捉对幼儿有价值的生成内容，鼓励幼儿积极与环境互动，并利用环境拓展、升华、推动幼儿的生成，从而使环境真正促进幼儿的发展。

延伸与讨论

你如何理解环境的预设与生成之间的关系？在你的工作中，具体是如何做的？

（上海市浦东新区六一幼儿园　杨雅文）

4. 激发创造潜能
——探究环境创设

《幼儿园教育指导纲要（试行）》指出："幼儿园空间、设施、活动材料和常规要求应有利于幼儿的主动探索和幼儿间的交往。"在实践过程中，我们发现探究活动环境的创设尤为重要。材料丰富、充满探究情境的环境能引发幼儿的探究兴趣，并促进幼儿创造潜能的发展。

一、创设探究环境，激发幼儿的创造兴趣

1. "三面"一体的环境，激发幼儿的创造兴趣

在幼儿园生活中，教师应善于运用墙面、地面、桌面这"三面"来创设探究情境，激发幼儿探究和创造的兴趣。

在大班主题活动"我自己"中，有探究影子的内容。教师选择教室内较隐蔽的角落，并用遮光布遮住亮光，形成一间暗室。教师将幼儿收集的各类有关手影游戏的图片粘贴在墙面上，并用数字、符号等表明游戏的难易程度和步骤。另外留出一块白墙，便于幼儿观察自己看到的影子；其后教师准备各种探究影子的操作材料，鼓励幼儿大胆探索；教师又提供挖空的动物图片，发现光线直射等原理。通过创设立体的探究环境，将幼儿引入有趣的探索活动中。

2. 营造真实自然的环境，激发幼儿的创造兴趣

在幼儿园活动中，受客观条件的限制，幼儿所处的环境中有些材料是仿真的，例如"娃娃家"的各种家具、蔬菜等。但是在探究活动中，

我们需要创设真实自然的环境，激发幼儿的创造兴趣。

在小班"苹果"活动主题中，教师在教室最显眼的地方布置了水果店，引导幼儿讨论应卖哪一种水果。通过调查，孩子们一致同意卖苹果。于是孩子们收集了各种苹果。孩子们每天都要围观一会儿，摸一摸、闻一闻、拿在手上玩一玩。有一天，一只绿苹果的出现引起了大家的争论：一个幼儿指着绿苹果说"这个苹果还没熟"；另一个幼儿马上说"这个苹果我吃过，也是甜的"，言外之意是这个苹果是熟的。其他孩子听着他们的争论，也疑惑地看着这只青苹果，教师及时地整理了他们的话语，言简意赅地说明两种不同的观点背后隐藏着的孩子们的问题——"青苹果究竟是生的还是熟的?"青苹果引发的探究之旅开始了。

二、提供开放性操作材料，激发幼儿的创造性思维

1. 投放低结构材料，激发幼儿的创造性思维

幼儿在操作活动中，易受材料的暗示。因此在操作活动中，我们鼓励幼儿收集各种材料，激发幼儿的创意、想象力。在制作长颈鹿的活动中，幼儿发现长颈鹿的腿上粗下细，寻找合适的材料成为孩子们的首要任务。根据腿部圆柱体的特征，他们找来了很多奶粉罐。可是奶粉罐的高度不一，如何做出两条一样长的腿呢？孩子们左思右想，终于想出一个好办法，他们采取增

图1

高矮的办法解决这一难题，即把旧报纸团成团，逐步添加，使两条腿一样高。孩子们运用变通的、灵活的思维解决了问题，绽放出智慧的火花。

2. 创设开放性材料空间，激发幼儿的创造性思维

在操作活动中，往往会由于找不到材料而使探究任务陷入困境。如何创设开放性的材料空间成为我们需要解决的问题。于是我们创设了"一大一小"两个层面的材料空间，鼓励幼儿进行探究活动。"一大"是

指我们在幼儿园内创设的材料室，定期向全园师生征集各种废旧环保物品，并预购一些必要的工具与材料加以丰富，鼓励幼儿与老师一起分类整理；"一小"是指教室内的材料区，师生共同收集各类纸盒等材料，便于幼儿取放使用。

三、激活物化环境，激发幼儿的创造行为

1. 呈现探究记录，激发幼儿的创造行为

幼儿的探究有一些结果时，师生需要共同回顾和分享探究过程中的收获，这也是一个共同发现问题的过程。物化的环境与幼儿之间所展开的互动，既是肯定创造行为的过程，又是相互质疑再生创造行为的过程。

2. 呈现工作样品，激发幼儿的创造行为

幼儿与探究记录的相互交流，引发了再次思考与探索；而与工作样品的互动，则是幼儿自我反思的开始，为激发创造行为埋下伏笔。

大班幼儿在完成长颈鹿的制作任务后，将5个工作样品搬到了门厅的开阔处。每个班级制作的长颈鹿都有所不同，例如：长颈鹿的眼睛有的用纽扣，有的用绘画，有的用剪贴；长颈鹿的尾巴有的用即时贴包裹报纸，有的用毛线缠绕报纸；长颈鹿的脚蹄有的用积木，有的用易拉罐……孩子们围着这群长颈鹿分享着同伴的智慧，分享着特别的创意。

图2

适宜的探究活动环境创设，能进一步激发幼儿对周围世界的好奇心和探究的兴趣，进而积极地思考，引发创造行

为。在一次次的创造中，孩子们的潜能得到激发，他们在创造中获得了
自信和快乐。

延伸与讨论

1. 支持幼儿探究行为的环境需要有哪些元素？
2. 你在环境创设过程中是否设置"材料库"？不同年龄段的
"材料库"创设有什么区别？

（上海市浦东新区六一幼儿园　高爱华）

5. 自主"悦"读
——阅读环境创设

　　适宜的班级阅读环境，能不断激发幼儿自主阅读的兴趣，极大地调动幼儿自主阅读的积极性，从而促使幼儿逐步养成良好、持久的阅读习惯，掌握自主阅读的基本能力，推动阅读水平的发展。

一、创设适宜的阅读环境给幼儿阅读的享受

　　我们通常所说的阅读环境的创设，包括硬环境和软环境的创设。这两方面都要做好，应该做到环境舒适、开放、平等和互动。

1. 舒适的阅读环境

　　挑选教室内相对安静、宽敞、光线充足的区域作为阅读区；墙面色彩不宜过于鲜艳，装饰不宜过于花哨；阅读区使用的橱柜、桌椅的高低要适合幼儿。对于小班幼儿，可提供地毯、靠垫、小沙发，便于随时取放、随坐随读，使幼儿感到温馨柔和、便捷惬意。对于中班、大班幼儿，可提供绘画用的纸、笔、剪刀、固体胶等，便于幼儿自行修补图书、自制图书与剪报。

图1

2. 开放的阅读环境

　　不是每个幼儿都在固定的时间有阅读的兴趣与需求，也不是每个幼

儿都能每天坚持如一地阅读完一本图画书。这时，宽松的时间与独立的空间就显得尤为重要。在来园活动、自主游戏时间、个别化学习活动、午餐后、起床后、离园前，都可以让幼儿自由出入阅读区，自主选择阅读内容，或集体，或小组，或结伴，尽情地阅读。

3. 平等的阅读环境

幼儿往往容易受同伴、教师的影响，这就需要教师经常参与阅读，陪伴幼儿阅读，并采用多种形式与他们交流故事情节，分享阅读的乐趣。同时，根据幼儿的个别需要，对其进行个别指导，帮助他们理解阅读内容。

4. 互动的阅读环境

教师可根据绘本、个别化学习活动及主题活动的内容，将与之配套的照片、图画、演示操作材料、调查资料等一一搬上墙面，为幼儿创设会说话的、可操作的墙面，最大限度地发挥环境应有的教育功能，以激发幼儿的阅读兴趣。

二、选择适宜的阅读材料让各年龄段幼儿自主阅读

投放适宜的阅读材料是决定幼儿能够主动参与阅读的重要因素之一，它直接影响着幼儿的阅读兴趣。阅读材料越适宜，就越能吸引幼儿产生自主阅读的愿望，使幼儿想阅读、爱阅读。

通过研究与实践我们发现，小班幼儿喜欢外形新奇、画面色彩鲜艳、角色形象可爱、贴近生活经验、情节简单并重复、单页单幅的声响书、摸摸书、翻翻书、布袋书、图画书等；中班幼儿喜欢富有想象力和感染力、文字较大、语句简单并重复的图画书；而大班幼儿则喜欢题材和形式充满奇思妙想、情节发展出人意料、单页多幅的益智类图画书。

除了购买的书籍，幼儿自带的、教师自制的及幼儿创作的书均可提供出来。阅读区提供的阅读材料要做到数量丰富、种类齐全，每月或每个主题应定期更换。

三、将阅读规则蕴含在环境中使幼儿有序阅读

适宜的阅读规则能帮助幼儿形成良好的阅读习惯：自己归还、整理；专注阅读，不相互干扰；注意用眼卫生；爱护图书等。

● 制作图书卡。结合生活经验，运用幼儿照片、学号制作图书卡，幼儿持卡进入阅读区阅读，拿走哪本书就将图书卡放置在该图书原有的位置，使幼儿养成物归原处的好习惯。

● 粘贴脚印。在小班阅读区的入口，粘贴几对小脚印，暗示入区的人数。

● 做好标记。在所有图书和陈列架上，根据年龄做好相应的标记，小班用各种颜色的图形或照片、中班用数字、大班用故事名称的形式做好标记，引导幼儿养成一一对应、及时归还、分类摆放、自己整理的好习惯。

● 张贴提示。将阅读图书的步骤、注意事项（大班幼儿可与教师一起商量形成，如轻声说话、不争抢、不撕不折、不乱画、轮流看、保持书本与眼睛的距离等），用照片、图配文的图画等形式张贴于阅读区内，时刻提醒幼儿保持阅读区的安静，维护阅读区的整洁，掌握正确的阅读姿势，养成认真阅读、爱护图书的好习惯。

图2

● 设立图书管理员。大班幼儿可在值日生工作中设立一名图书管理员，每次阅读时维持秩序，提醒、监督幼儿遵守规则。阅读活动结束后，检查幼儿归还、摆放图书情况，负责整理。

总之，我们应该营造良好的阅读气氛，创设适宜的班级阅读环境，培养幼儿阅读的兴趣，使幼儿爱上阅读，帮助幼儿潜移默化地形成良好的阅读习惯，从而提高阅读能力，尽情享受阅读的快乐！

延伸与讨论

1. 不同年龄段班级阅读区域的环境创设有什么区别?

2. 你如何选择适合本班幼儿阅读的书籍?

(上海市浦东新区六一幼儿园　孙蔚茹)

6. 最合适的方式
——个别化学习环境创设

在个别化学习中，幼儿按照自己的兴趣、能力自由选择活动，这种自由、自主、自发的活动氛围有利于激发他们学习的主动性与积极性。那么，在设计个别化学习环境中，我们应该注意哪些方面呢？

一、"游戏化情境"——个别化学习环境的润色剂

1. 创设立体化场景

立体化场景是指充分利用墙面、桌面、地面不同高度的层次感，为活动创设逼真的环境。在主题活动"幼儿园里朋友多"中，我们设计了给好朋友打电话的内容，其目标是能够正确进行点数配对，破译出电话号码，并了解数字正确的摆放位置。我们利用现有的玩具橱的背面做成了"朋友家的电话"背景，再在围合区域的玩具橱一角摆上一部电话机，为便于操作，将题卡放在操作台上，这样一个有墙面、有摆设、有桌面操作区的逼真立体场景就受到了班级里很多孩子的喜爱。

图1

图2

2. 制定游戏化规则

游戏化规则是指在设计个别化学习环境的同时，赋予某个区域特定的游戏规则，旨在提高幼儿参与活动的积极性和趣味性。在大班"动物大世界"主题活动中，教材中提供了很多折叠动物图形的方法，我们将其布置到个别化学习中，却发现仅个别幼儿喜欢，折纸区成了最不受欢迎的角落，于是我们尝试制定一些吸引幼儿折纸的规则：我们将不同的折纸图按难易程度分成☆、☆☆、☆☆☆，然后兑换成相应分值，完成后，幼儿可获得相应的分值，而积分满一定分值时，可以获得幼儿喜欢的学习用品（后一主题为"我要上小学"）。没想到规则一出，原先被冷落的折纸区域成了最热闹的角落，大家为了得到自己喜爱的用品，仔细地研究每一个步骤。

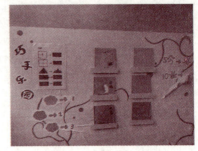

图3

3. 提供清晰易懂的操作示意图

在提供材料时，千万不能忽视操作示意图的作用，清晰易懂的操作示意图应成为提供活动材料时必备的材料。

二、"整合的视角"——个别化学习环境的基础

1. 内容选择的全面性

我们在坚持使用教材内容的同时，必须兼顾各领域的平衡，适当选择个别非主题的内容，以做到双平衡。先进行总体策划，再制作，切忌边做边想，顾此失彼。

2. 材料提供的层次性

这需要教师有较强的专业素养，对幼儿的年龄特点、知识技能的掌握规律有清晰的认识。例如，数领域方面排序的内容从小班一直到大班

都会涉及，从小班 abab 的模式，到中班 abb，再到大班 abbc ，教师只有理解了其正确的科学规律，才能合理设计出活动材料的层次性。

3. 学习方法的多样性

是指在同样的活动区域中投放的材料有多种不同的操作方法。例如在"我爱我家"主题活动中，生成了为妈妈送花的活动，我们在美工区为幼儿提供了折叠鲜花、卷康乃馨的步骤图及材料，又将幼儿带来的妈妈的照片布置在墙面上，幼儿可根据妈妈的照片临摹自己的妈妈，并将制作的鲜花送给妈妈。

三、"最近发展区"——个别化学习环境的核心

维果茨基的最近发展区理论是我们为幼儿提供个别化学习活动材料的指导原则之一。

在中班上学期主题活动"我爱我家"中有关于门牌号码的学习。A 教师绘制了逼真的二维楼层房号图，在不同楼层上标上"1"、"2"、"3"，又在房间号下标上"1"、"2"、"3"，并创设了有趣的游戏情境"去做客"。例如，去小马家做客，如果图片上小马背面的房间号为"302"，幼儿则需找到相应的

图4

房间。不但如此，教师还根据楼层、房间的数量，设置了不同的难易程度：2 楼 2 间，4 楼 4 间，6 楼 6 间。材料投放后，幼儿很喜欢，但总是难以找到正确的方位，找房间的正确率仅为 35%。

B 教师同样绘制了二维楼层房号图，也创设了相应的做客的情境，并配以各种动物，但与 A 教师不同的是，B 教师在设置难易程度时，先尝试进行配对（楼层房号图上有几个起提示作用的完整的房间号，例如201，便于幼儿寻找相应的动物），再请幼儿标注楼层数（其目的是帮助幼儿了解楼层房号图上各数字不同的意义），最后根据仅有的楼层数、房

间号数寻找相应的位置。这次幼儿的准确率提高了不少。

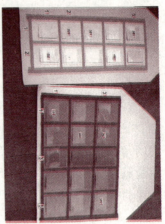

图 5

我们可以看到，对于刚升入中班的幼儿来说，仅靠老师提供的材料，不足以理解各种数字的意义。A 教师正是没有准确把握这个特点，设计了一套不适宜的学习材料；B 教师则正确把握了幼儿的"最近发展区"，循序渐进地帮助幼儿化解了难点。

随着教育理念的更新，教学的重心开始由"教"向"学"转变，个别化学习日益受到人们的重视和强调。材料也从"配角"一跃成为"主角"，材料提供是否合理、适宜，都将对幼儿的学习效果产生直接的影响。

延伸与讨论

1. 你在个别化环境创设中如何合理布局各领域内容？
2. 你认为哪类个别化学习内容需要有提示图或步骤图？

（上海市浦东新区六一幼儿园　奚　萍）

7. 平等与尊重
——学习环境创设中的教师

随着教育改革的不断推进，教师的教育理念与教育行为发生了质的改变，教师对幼儿学习环境创设的全面掌控作用也正在发生着巨大的转变。平等与尊重成为教师在幼儿学习环境创设过程中需要把握的重要原则。

一、体现平等，注重师生共创共建

在幼儿的探究性学习活动中，幼儿既依赖于环境，也作用于环境，幼儿与环境的作用方式直接影响到他们学习与发展的质量。

1. 赋予幼儿环境创设参与权

过去，幼儿园学习环境创设的主动权、控制权都牢牢掌握在教师手里，幼儿只是被动地接受环境对其产生的作用，而现在这样的方式显然不能够满足幼儿自主学习、积极探究的需求。

新学期大班种植角还是空空的，于是大家围绕着"种植角种什么"展开了讨论，有幼儿提议："我们每人种一样自己喜欢的植物。"这一提议获得了大家的支持，于是一股种植"热潮"席卷

图1

了全班，教师原先预留的种植角一再扩大，教室里变得绿意浓浓。又有幼儿提出："别人带的植物我不认识怎么办？"针对这一问题，又开展了

为每盆植物做标记的活动。小小的种植角变成了大大的种植区，认识、照料这些植物成了幼儿最热衷的活动。通过参与这些活动，幼儿获得的不仅是环境创设的参与权，更是探究学习的主动权。

2. 推动探究环境的动态发展

探究性学习活动追随的是幼儿的探究轨迹，教师要时刻关注幼儿探究行为的变化和主题经验的发展，及时补充、扩展、删减、重组环境中的材料。在"好朋友"主题活动中，幼儿对身边朝夕相处的朋友产生了探究兴趣，于是"班级之最"主题简报呈现在班级最显眼的地方。寻找"长得最高的朋友"、"头发最短的朋友"、"第一个掉牙的朋友"，每个幼儿都为能成为"班级之最"而互相观察、互相了解。久而久之，幼儿的外貌特征被发现得差不多了，能登上简报的幼儿越来越少，关注简报的朋友自然也逐渐减少。教师开始思考如何帮助幼儿更深入地去了解朋友的优点、特长。于是教师在主题墙上布置了"班级之星"的简报，"友爱之星"、"跳绳之星"纷纷登榜。主题墙又一次活跃起来了。

二、体现尊重，注重学习氛围的打造

在理想的学习氛围中，幼儿应该敢于表达自己的愿望，敢于向老师、同伴求助，敢于提出意见和建议。要达到这样的理想状态，教师应该成为倾听者、欣赏者、研究者。

1. "尊重"：为幼儿创设宽松的提问环境

一个可以让幼儿自由发问的学习环境，能让教师敏锐地捕捉到幼儿最感兴趣的话题、最热衷的活动，并找到适宜的机会"顺理成章"地走进幼儿的世界。

一位幼儿拿出奶奶为他做的用纽扣串成的毽子熟练地踢了起来，"噼噼啪啪"的响声不一会儿就引来了围观的幼儿。"这个怎么玩啊？""这是什么游戏？"……幼儿一连串的问题抛到了教师这里。"这是一种民间游戏。"教师回答。"什么是民间游戏？""民间游戏怎么玩？""你怎么会踢得这么熟练?"……又是一连串的问题接踵而来。从幼儿兴致勃勃的表情和充满好奇的问题中,教师捕捉到了教育的契机,在幼儿强烈的兴趣和要求下,"玩玩民间游戏"的主题探究活动开始了。

2. "欣赏": 为幼儿创设自信的探究环境

教师和同伴的鼓励、接纳与欣赏是幼儿自信的源泉与不断探究的动力,因此教师要以欣赏的态度对待幼儿每一次探究过程中的成功与失败。在"制作毽子"的活动中,虽然前期已有家长奶奶手把手地传授做法,也有教师制作的步骤图作为提示,但是尚处于大班初期的幼儿,其手眼协调的精细程度还未达到能够熟练运用纽扣和针线进行串、围、接等精细动作的水平。因此,许多幼儿遭遇了失败。此时,教师依然用欣赏的眼光和鼓励的语言安抚即将丧失信心的幼儿。同时,教师在材料提供上做了小调整,用"扭扭棒"替换细绳帮助幼儿降低

图 2

制作难度,帮助他们最终完成自己的毽子。

3. "研究": 为幼儿创设和谐的发展环境

研究就是对幼儿在学习中的行为进行记录、分析,从而判断幼儿的发展现状及水平差异,了解幼儿在学习过程中存在的问题,从而适时调整教学策略,对幼儿进行适宜的指导,使幼儿在最近发展区内获得提高。

在小组探究活动中,每当外出采访时,月月总是慢腾腾地落在伙伴的后面。经过几次跟踪记录,教师终于找到了月月不喜欢采访的原因:每次采访都让热情主动的组员抢了先,久而久之月月就对采访失去了信心。针对这一现象教师调整了策略,建议小组成员采用分头行动的方式,每人都要采访1~2位老师或小朋友。这既让热情高涨的组员感受到了新

的挑战，也让月月有了尝试参访的机会。深入研究让教师对幼儿的了解更细致准确，适度调整让教师的支持策略更有的放矢。

在学习环境创设中，新理念赋予了教师新的地位与作用，这种作用体现在，教师应更善于创造一种幼儿与环境之间的"不确定"关系。它可以激发幼儿主动参与的意识，有时是行动上的参与，有时是观察中的发现，从而帮助幼儿与环境不断产生递进的交互作用。

延伸与讨论

你是否尝试过就"如何创设班级环境"征求幼儿的意见？你认为这样做有必要吗？为什么？

（上海市浦东新区六一幼儿园　沈　悦）

8. 支持与参与
——学习环境创设中的家长

在当今注重家园共育的教育背景下，幼儿园在重视学习环境创设的同时，也努力调动家长参与的积极性，丰富和拓展原有的学习环境，促使学习环境在幼儿园教育过程中发挥最佳作用。

一、家长参与助推幼儿与学习环境之间产生互动

幼儿园学习环境能否有效地激发幼儿的学习兴趣和求知欲望，取决于幼儿同环境的互动，而家长的支持和参与使幼儿园的环境创设更加游刃有余、丰富多彩。

1. 家长提供材料支持——有助于创设生活化的环境

我们发现，幼儿园学习环境中材料的丰富性与生活化，能有效降低幼儿的入园焦虑。因此，小班教室内通常会出现"娃娃餐厅"、"宝宝厨房"、"KETTY猫卧室"等。使环境变得更为温馨的法宝则是生活化的材料，例如："宝宝厨房"里有家长为孩子收集的隔热手套、筷子筒、调味料瓶等；为了增添生活气息，"宝宝厨房"里还张贴了各种生活照片，有爸爸妈妈煮菜的照片，有冰箱内的食品照片。在创设温馨、开放的环境的过程中，我们邀请家长共同收集、提供生活化的材料，激发幼儿参与活动的热情。

2. 家长提供经验支持——有利于推进幼儿与环境产生互动

幼儿园学习环境能够激发幼儿的学习兴趣，从而与环境产生互

动。例如，在"我是中国人"主题墙上粘贴了各种有趣的民间游戏照片，一张"踢毽子"的照片引发了幼儿的讨论。于是，与爸爸妈妈一起制作毽子的活动在班级中开展起来。在这一过程中，家长与幼儿共同制作毽子，向幼儿传授踢毽子的经验，并制作成简报布置在班级主题墙上，向更多幼儿分享经验，进一步丰富了幼儿园学习环境，幼儿与环境也产生了真正的互动。这种互动带领幼儿将兴趣转化为实际行动，并在持续建构经验的过程中促进孩子的发展。

二、家长参与促进幼儿园学习环境的动态发展

　　家长参与能促进幼儿园环境内容和形式的动态发展，家长的参与成了环境能够"活"起来的重要保障。"元宵节"大活动中，家长与幼儿共同制作的彩灯挂满了走廊，孩子们被这些琳琅满目的彩灯吸引住了，纷纷驻足观赏，"赏彩灯，猜灯谜"的活动由此拉开；重阳节活动结束后，家长提供了孩子在家"为爷爷奶奶做件事"的照片记录，使敬老这一传统美德通过不同家庭、不同方式的敬老活动得到了传承。随处可见的家长参与的身影使幼儿园学习环境变得生动、富有变化，真正实现了幼儿与环境的"对话"。

图1　　　　　　　　　　　　　　图2

三、家长参与推动幼儿园学习环境多元发展

1. 家长的参与，为幼儿接触社会大环境提供了可能

走出幼儿园，走进社区，让幼儿园外部学习环境发挥积极的影响，这是目前主题活动开展过程中我们经常用到的一种资源。例如，在"我们的城市"主题中，幼儿提出想参观邮局、银行、公共电话亭、小区、自动售货机、东方书报亭等。根据参观地点所蕴含的教育内容的复杂程度，跟幼儿商量后，教师将以上参观地点分成个别参观和集体参观两种形式。个别参观可以在双休日让爸爸妈妈带着孩子去参观，集体参观可以以教师统一组织、家长义工配合的方式开展。集体参观前，家长义工协助教师对参观地点进行事先的考察，以保证参观途中的安全及参观的顺利进行。在参观过程中，家长义工还承担过马路时的安全护卫、拍照和记录、

图3

采访时的分组指导等工作。正是有了家长的参与，才能更好地利用社区环境，实现学习环境向多元性发展。

2. 家长的参与，使家庭小环境成为幼儿园学习环境的补充

在主题活动开展的过程中，家园互动是一个必不可少的环节，也是决定主题能否顺利开展、幼儿经验水平能否提高的一个重要前提。若能根据幼儿园当前开展的主题，在家庭中创设一定的学习环境，则有助于幼儿浸入式的学习。例如，在主题"我在马路边"开展过程中，很多家庭根据幼儿园主题学习的需要，在家庭中创设了以下环境：小泽的妈妈有意识地在家中的地板上粘贴了"停车场"，引导小泽对家里众多的玩具车进行分类停放；小可的爸爸为她购买了许多交通标志卡片，粘贴在家

里的墙壁上，引导小可进行辨认；小瑜的爸爸在小朋友串门活动中，利用家里的乐高玩具与孩子们玩起了"小司机"游戏，帮助幼儿了解马路上的一些规则……可见，家长的参与创设了积极、有效的学习环境，使幼儿的学习浸入不同的环境中，得到了持续、深入的发展。

综上所述，调动家长的参与热情，能够增强幼儿园学习环境与幼儿互动的有效性，使幼儿园学习环境更具有动态性，呈现多元化发展的趋势，从而优化幼儿园学习环境，使环境发挥更有效的教育作用。

延伸与讨论

1. 你开展过家长义工活动吗？成效怎样？印象较深的案例是什么？

2. 在学习环境创设中，家长应该发挥怎样的作用？以家长为主还是以教师为主？

（上海市浦东新区六一幼儿园　蔡颖慧）

延伸与讨论指南

● 关键词：主题环境（1. 隐性的课程——主题环境下的自主学习 2. 我要这样做——主题环境下的表达与表现　3. 有准备的自由——主题环境的预设与生成）

主题是幼儿生活经验中最熟悉的某一话题，也是幼儿自主活动的一条线索，环境创设要围绕主题、体现主题，这样才有利于活动的开展；主题环境并不完全是由教师布置好的，可适当留白；在幼儿园环境创设中，适当利用墙面、空间、区角等，可为幼儿提供恰当的自我表现空间，有效激发孩子的自信心，获得成功的体验。

绘画作品是主题活动中幼儿表达与表现的方式之一，它能反映主题进程中的某一内容，同时呈现幼儿的绘画技能；而探究简报的展示反映的是幼儿探究的过程，它的问题与内容来自幼儿，因此突显的并不是单个的、瞬间的活动，而是探究活动的过程性记录，因此，它更受到幼儿的关注，更能引起幼儿的共鸣。

环境的预设与生成是一个相互交融、交替呈现的过程；但无论是预设还是生成都应立足于孩子的现状，关注孩子的表现，努力将孩子的思维打开，从中一定能获得环境创设的思路；预设是一个框架，生成是幼儿富有创造性的个性展示。

● 关键词：探究环境（4. 激发创造潜能——探究环境创设）

教师在创设支持性探究环境时首先关注幼儿的当前兴趣和年龄特点，鼓励幼儿参与到创设环境的活动中来，同时教师需要和幼儿一起筛选有探究价值和空间的材料；在班级材料库的创建过程中，要将材料进行分类，一类是工具类，如胶水、剪刀、双面胶等，另一类是耗材类，如各种纸、纸盒、塑料瓶等；创意是无限的，但并非一日之功，也依赖于孩子积累的生活经验以及给予的创造氛围。

● 关键词：阅读环境（5. 自主"悦"读——阅读环境创设）

阅读环境是培养幼儿阅读习惯的关键，环境中的细节处理起到了潜移默化的教育作用，如提示标记、适宜的座位放置、阅读区域的光线等；最重要的当然是阅读材料的选择和提供，精选经典，以读图为主；要有鼓励阅读的氛围。

● 关键词：个别化（6. 最合适的方式——个别化学习环境创设）

可有效利用立体空间，根据桌面、墙面、悬挂的不同位置，合理安排作品、示意图、操作区；充分了解每个孩子的特点和需求，和孩子一起商讨，才可能做到适合；不盲目模仿别人，主要是借鉴学习环境创设的理念和精神。

● 关键词：教师（7. 平等与尊重——学习环境创设中的教师）

教师是环境的设计师，但不要忘了孩子更是"小小设计师"；教师要有意识地关注孩子对环境的"注视率"、孩子与环境的"互动率"；增加与孩子共同讨论的机会，倾听孩子的心声，创设能满足孩子发展需求的学习环境。

● 关键词：家长（8. 支持与参与——学习环境创设中的家长）

家长作为义工参与其中是比较普遍的一种做法，其参与程度、内容根据不同的环境创设需求而有所不同；要激发家长的参与热情并考虑家长的实际，而不是理所当然的指派；要充分发挥家长的特长，并做必要的交待与指导。

图书在版编目（CIP）数据

幼儿园环境设计与指导/陈慧军，张肖芹主编. 一上
海：华东师范大学出版社，2013.5
全国幼儿教师培训用书
ISBN 978－7－5675－0663－3

Ⅰ.①幼... Ⅱ.①陈... ②张... Ⅲ.①幼儿园—环
境设计—教师培训—教材 Ⅳ.①G617

中国版本图书馆 CIP 数据核字（2013）第 090763 号

大夏书系·全国幼儿教师培训用书
幼儿园环境设计与指导

主　　编	陈慧军　张肖芹
策划编辑	李永梅
审读编辑	杨　坤
封面设计	奇文云海
责任印制	殷艳红

出版发行	华东师范大学出版社
社　　址	上海市中山北路 3663 号　邮编 200062
网　　址	www. ecnupress. com. cn
电　　话	021－60821666　行政传真　021－62572105
客服电话	021－62865537
邮购电话	021－62869887　地址　上海市中山北路 3663 号华东师范大学校内先锋路口
网　　店	http://hdsdcbs. tmall. com/

印 刷 者	北京密兴印刷有限公司
开　　本	700×1000　16 开
印　　张	13
字　　数	155 千字
版　　次	2013 年 6 月第一版
印　　次	2024 年 3 月第十二次
印　　数	37 001－38 000
书　　号	ISBN 978－7－5675－0663－3 G · 6444
定　　价	52.00 元

出版人	朱杰人